Klaus Rainer Röhl
Aufstand der Amazonen

Klaus Rainer Röhl

Aufstand der Amazonen

Geschichte einer Legende

Econ Verlag
Düsseldorf · Wien

Für meine Mutter

»Unser ganzes Leben werden wir nicht aufhören, deiner Güte und Treue rühmend zu gedenken.«

1. Auflage 1982

Gesetzt aus der Trump der Fa. Hell
Papier: Papierfabrik Schleipen GmbH, Bad Dürkheim
Gesamtherstellung: Bercker, Kevelaer
Printed in Germany
ISBN 3 430 17797 9

Inhalt

EINLEITUNG

Dies ist die Geschichte eines Aufstandes.

Des längsten und ausdauerndsten Aufstandes, den es je in der Geschichte der Menschheit gegeben hat. Der Kampf dieser Aufständischen wurde weltweit geführt – von den Gestaden des Pazifischen Ozeans bis zu den Bergen des Kaukasus und des Himalaya. Es war eine Rebellion, die insgesamt über 10 000 Jahre gedauert hat – vom Beginn der Ackerbau-Wirtschaft bis tief in die geschichtliche Zeit hinein, die mit den ersten Hochkulturen am Euphrat, Tigris und Nil beginnt.

Länger als 10 000 Jahre währte der Kampf, der über die weitere Geschichte der Menschheit entschied: der Krieg der Frauen gegen die Vorherrschaft des Mannes. Länger als 10 000 Jahre, über die wir keinerlei schriftliche Aufzeichnungen besitzen, keine Keilschrifttafel und keinen Runenstein, eine Zeit, von der wir nur das ferne Wetterleuchten und das dumpfe Donnergrollen wahrnehmen, das in den Mythen der Menschheit nachklingt: Ein furchtbarer Widerhall wie von Weltuntergängen und Götterdämmerungen, Erdbeben und Sintfluten, eine grausige Botschaft von Menschenopfern und Massenmorden, ein Alptraum, über den die Geschichte den Schleier der Nacht und des Vergessens gebreitet hat.

Eine riesige, 10 000–12 000 Jahre große Lücke klafft in der Überlieferung der Menschheit, leer und rätselhaft wie eine Dunkelwolke: Die Zeit zwischen den fröhlich-kultivierten Felszeichnungen und den lebensfrohen, mütterlichen Götteridolen der Altsteinzeit bis 20 000 und dem ersten geschichtlichen Auftreten des Menschen um 8000 v. Chr. in Jericho, in Catal Hüyük (Anatolien) und später in Sumer und am Nildelta.

Seitdem der Baseler Vorgeschichtsforscher Bachofen in seinem Buch »Das Mutterrecht« die These von der uralten Herrschaft der Mütter aufgestellt hatte, sind mehr als hundert Jahre vergangen. Intensive Forschung hat die romantische Intuition zu gesicherter wissenschaftlicher Realität werden lassen: Die heute überall in der Welt fast uneingeschränkt bestehende Herrschaft der Männer über die Frauen ist kurz, sie besteht seit knapp 8000 Jahren. 8000 Jahre Männerherrschaft stehen Millionen Jahre weiblicher Vormachtstellung gegenüber.

Ein weltweites Aufbegehren der Frauen gegen die scheinbar unumstößliche Herrschaft des Mannes in Familie, Staat und Gesellschaft kennzeichnet unsere Zeit. Der Machtanspruch der Männer *und* die Ergebnisse für die Menschheit werden erneut in Frage gestellt:

Haben sich die Frauen kampflos den neuen Männergesellschaften und ihren grausamen Gesetzen ergeben? Warum haben sie ihre Unterdrückung und Entmachtung zu einer sklavenähnlichen Abhängigkeit bis in unsere Tage geduldet?

Als das 7. Gebot des »Buch Mose« aufgestellt wurde: »Du sollst nicht begehren deines Nächsten Weib, Magd, Knecht, Rind, Esel, und alles was *sein* ist«, war die frühere Frauenherrschaft und auch ihre Freiheit längst durch eine strenge patriarchalische Moral ersetzt worden. Die Millionen von Jahren, in denen die »Mütter« geherrscht hatten, waren endgültig vorbei. Die Macht, die die Frauen einmal besessen hatten, war im Laufe einer zehntausendjährigen Entwicklung an die Männer übergegangen. Jedenfalls nahm man bisher an, daß es eine langsame Evolution war, bei der die Frauen keinen Widerstand leisteten.

Aber ließen sich wirklich alle kampflos unter das Joch der Männerherrschaft zwingen?

Von welcher Art war denn die Macht der Frauen der Urgesellschaft gewesen? Es war keine Macht, die auf körperlicher Überlegenheit beruhte. Im allgemeinen überließ man in den steinzeitlichen Horden den Männern die Jagd und damit auch die Waffen. Waffen, die nur gelegentlich einmal gegen Menschen erhoben werden mußten, etwa wenn eine fremde Horde in den eigenen Bezirk eingedrungen war.

Das Matriarchat war ein religiös motiviertes und durch uralte Tradition überliefertes Gewohnheitsrecht, kein Recht des Schwertes und der Waffengewalt.

So konnte es ohne Widerstand abgeschafft werden, als Ackerbau und Viehzucht, Sklavenwirtschaft und feste Wohnsitze eine hunderttausendjährige Gesellschaft veränderten.

Aber nicht überall verlief der Wechsel ohne Gegenwehr.

Als die Männer überall auf der Welt, im Besitz der Waffen und geübt, sie auch zu gebrauchen, Gewalt in jeder Form auszuüben begannen, Eigentum nicht nur zu verteidigen, sondern auch fremdes Eigentum zu rauben, Boden, Vieh, aber auch Sklaven und Sklavinnen, als sie dazu übergingen, ihre eigenen Frauen ähnlich zu behandeln wie diese Sklavinnen und diesen Zustand noch durch strenge Regeln absicherten – da begann der Widerstand der Frauen: Der Aufstand der Amazonen, von dem die Mythen aller Völker wissen.

Dieser Kampf der Frauen, ihre Bewaffnung, der Männermord, die Gründung von Frauenreichen, kurz das *Amazonentum* war der letzte Versuch, das Rad der Geschichte noch einmal herumzuwerfen, die alte Frauenherrschaft mit Mutterkult und Frauen-Freiheit wieder zu erreichen mit Gewalt, unter Ausschluß oder Unterjochung der Männer.

Was erstrebt und hier und da verwirklicht wurde: der *Amazonenstaat* stellt geradezu eine Umkehrung der radikalen Männerherrschaft dar: Unterdrückung der Männer und Sklaven, weibliche Herrscherinnen, weibliche Erbfolge, weiblicher Kriegsdienst, Kriegführung mit dem Ziel, Sklaven und Männer zu »rauben«, Polyandrie (= Vielmännerei) statt Polygamie, absolute Freiheit vor der Ehe, Beschränkung der Männer auf das Haus und Küche – und

Kinder, die von den neuen Kriegerinnen zwar geboren werden, aber von den Männern aufgezogen werden, mit Stutenmilch, wie es heißt.

Beides schien möglich, das männerrechtliche Patriarchat und die weibliche Amazonenherrschaft. Zwei gleichwertige Systeme, mit denen die Menschheit auf die gewandelte Situation nach dem Ende der Sammlergesellschaft und der Muttersippe reagieren konnte.

Wie kommt es zu den Amazonenaufständen, wie werden sie ausgelöst und wie verlaufen sie, wie wird jene ungeheuere Energie freigesetzt, jene Gewalttätigkeit, ja Grausamkeit, die nötig wurde, um diesen Bruch mit den Männern zu vollziehen? Wie konnte es zu dieser so einschneidenden Trennung, zu diesem elementaren Ausbruch aus der bisherigen Gesellschaft kommen? Was muß erst alles geschehen, um den »Aufstand der Amazonen« auszulösen?

Davon soll in diesem Buch die Rede sein.

A.

DER MYTHOS DER AMAZONEN

1.

ALEXANDER DER GROSSE BEKOMMT UNERWARTETEN BESUCH

Mit 26 Jahren, im Jahr 330 v. Ch., stand Alexander, dem die Geschichte den Beinamen »der Große« gegeben hat, der blonde Grieche, Sohn König Philipps und der Königin Olympia, Schüler Aristoteles', auf dem Höhepunkt seiner Macht. Sein Feldzug gegen Persien hatte ihn an die Südküste des Kaspischen Meers geführt. Hyrkanien war besiegt und unterworfen. Das siegreiche Heer rastete, im Feldlager sehnten sich die Krieger nach Ruhe.

Eines Tages kamen Boten der Königin des angrenzenden Landes, des Landes der Amazonen, und baten Alexander um einen Besuch. Die Königin war eine schöne Frau, davon hatten die Griechen gehört. Alexander war es gewohnt, daß die schönsten Frauen sich um ihn bemühten. Wie oft hatte er erlebt, daß Väter ihm ihre Töchter zuführten, nicht damit er sie heirate, sie sollten seine Geliebten werden. Die damit verbundene Hoffnung, dadurch Verbindung zu dem mächtigsten Mann der Zeit – am Ende seines Lebens hatte Alexander ein Weltreich von der Donau bis zum Indus, fast die ganze damals bekannte Welt, erobert – zu bekommen, politischen Einfluß oder Macht zu stabilisieren, eigenes Ansehen zu erhöhen, Eitelkeit zu befriedigen, kannte Alexander, und es langweilte ihn.

Die Boten berichteten, daß ihre Königin Thalestris nur in Begleitung von 300 Frauen 25 Tage durch ein fremdes Land gezogen war, um ihn, den Großen, zu sehen. Das war mehr als eine Schmeichelei. Etwas Außergewöhnliches kündigte sich an. Alexander folgte der Bitte.

Die erste Biographie über Alexander, die der Römer Curtius Rufus 80 n. Chr., also ca. 400 Jahre nach Alexanders Tod, verfaßte, schildert die Begegnung:

»An Hyrkanien grenzt das Volk der Amazonen. Ihre Königin war Thalestris, welche über alle Länder zwischen dem Kaukasus und dem Phasis herrschte. Diese, vom Wunsche getrieben, den König zu sehen, verließ ihre Staaten, und als sie in der Nähe war, schickte sie Boten voraus mit der Anzeige, es sei eine Königin gekommen, welche begierig sei, ihn zu besuchen und seine Bekanntschaft zu machen. Sobald sie die Erlaubnis erhalten hatte, befahl sie ihrem Gefolge, zurückzubleiben, und sie reiste weiter in Begleitung von dreihundert Frauen.

Als sie den König erblickte, sprang sie vom Pferde, mit zwei Spießen in ihrer Rechten. Das Gewand bedeckt nicht den ganzen Körper der Amazonen, denn der linke Teil bis zur Brust ist bloß; von da an ist alles verhüllt, jedoch reicht das Gewand, welches mit einem Knoten zusammengehalten wird, nicht bis über die Knie. Unerschrocken trat Thalestris zum König ein, indem sie seine Gestalt musterte, die dem Rufe keineswegs entsprach. Denn bei den Barbaren wird ein majestätischer Körperbau geachtet, und sie glauben, daß zu großen Taten nur diejenigen geeignet wären, welche die Natur mit einer ausgezeichneten Gestalt begabt hat. Auf die Frage, ob sie sich etwas erbitten wollte, sagte sie ohne Umschweife, sie sei gekommen, um mit dem Könige gemeinschaftliche Kinder zu haben; sie sei würdig, ihm Erben der Herrschaft zu gebären.«

So etwas hatte Alexander noch nie erlebt. Ihm gefiel diese Frau. Dreizehn Tage blieben er und sein Gefolge bei der Königin, sie feierten, tanzten, tranken. Mit ansehnlichen Geschenken entließ er sie am vierzehnten in ihre Heimat.

Viele Geschichtsschreiber haben sich mit dieser ungewöhnlichen Initiative einer Frau, die glaubte, ein starkes Geschlecht gebären zu können, das sich wie sie durch Tapferkeit und Stärke auszeichnen würde, beschäftigt. Diese Geschichtsschreiber – Justin, Diodor und Curtis Rufus – gehen davon aus, daß es zu der Zeit, als Alexander die Welt unterwarf, Amazonen gab, die durchaus selbstbewußt für das Weiterbestehen ihres Staates sorgten.

Es heißt, daß bald nach der Zusammenkunft dieses Geschlecht der Amazonen und ihre ungewöhnliche Königin Thalestris untergegangen sei. Aber Thalestris' Bemühungen, tapfere Nachkommen mit Alexander zu zeugen, haben die Bewunderung der Griechen.

Ob es ein Geschlecht der Amazonen gegeben hat oder nicht, diese Frage stellte sich den antiken Geschichtsschreibern nicht. Daß es sie gegeben hatte, stand für sie außer Zweifel. Jedoch niemand wußte so richtig Bescheid. Die Amazonen tauchten auf, verschwanden wieder, ein reitendes weibliches Nomadenvolk ohne Furcht.

Als Alexander Thalestris traf, kannte er nur die Tapferkeit des Mannes, die Herrschaft des Mannes. Jetzt kam er mit einer Frau zusammen, die ihm ebenbürtig war an Unerschrockenheit, die Forderungen stellte, die zu jener Zeit auch ungewöhnlich waren. Aber *»Alexander bewunderte das Außerordentliche der Sache und die Würde der Frau«.*

Die Aufzeichnungen über die Begegnung zwischen Alexander und der Amazonenkönigin verraten nicht viel. Die Kleidung wird erwähnt, sie ist leger und anders als die bekannte. Von bewaffneten Reiterinnen ist die Rede; bemerkenswert ist jedoch vor allem die freizügige Behandlung der Sexualität. Thalestris will ein Kind von Alexander, das allein entscheidet. Sie verblüfft ihn mit ihrer Offenheit. Gleichberechtigt und stolz, ohne Demut, ohne weibliches Gebaren, nicht unterwürfig, steht sie dem Mann gegenüber, der es gewohnt ist zu herrschen, zu siegen, zu befehlen. Jene Tollkühnheit, das Selbstbewußtsein, die Unerschrockenheit und der Stolz, der Mut, die Tüchtigkeit und die Schönheit haben zu allen Zeiten Anziehungskraft ausgestrahlt. Und zu allen Zeiten war man bereit, das Geheimnis zu verdichten und zu lichten; Geschichten kommen hinzu, Märchen über die Amazonen halten die Neugierde wach. Die außergewöhnliche Entschlossenheit, ein Volk ohne Männer zu sein, hat dieses Volk für Männer begehrenswert gemacht; eine Amazone zu besiegen, mit ihr ins Bett zu gehen war beinahe ein Sieg über ein anderes Leben, war die Bestätigung der eigenen Sache. Die Amazonen aber waren diejenigen, die die Männer benutzten. Auch Thalestris benutzt Alexander für sich, für das Weiterbestehen ihres Geschlechts und nicht für das der Griechen.

Vom Ufer des Atlantik bis zum Kaspischen Meer kann man die Spuren der bewaffneten Kriegerinnen verfolgen. Furcht und Schrecken verbreiten sie, aber auch Bewunderung und Ruhm. Das »männerhassende Heer« mit den geheimnisumwitterten Bräuchen: Männermord und Kindestötung und ein Leben frei von Ehe und Ehegesetz: Die schönen Männermörderinnen mit der fürchterlichen Doppelaxt, scharf wie eine Messerklinge und schwer wie ein Hammer, die sie um sich schwingen in weiten Bögen und fürchterliche Lücken in die Reihen ihrer Gegner reißen, die aber auch den Bogen so gut zu führen wissen, daß sie noch auf der Flucht zu Pferde die Sehne mit dem Pfeil über den Rücken abschnellen lassen, dem Gegner ins Herz. So reiten sie durch die Geschichte, stark und schön und stattlich wie Rachegöttinnen oder göttliche Heerscharen; die Amazonen, das Volk ohne Männer, Geschichten hinterlassend, Ungewißheit verbreitend.

Die Griechen sind wie keine andere Nation von den Mannweibern fasziniert, fast scheint es, als seien die Amazonen ihr nationales Trauma gewesen. Lange vor den schriftlichen Aufzeichnungen brachten die fahrenden Sänger die Nachricht von dem reitenden Frauenvolk von Ort zu Ort und gaben die Berichte von Jahrhundert zu Jahrhundert weiter.

Und als die ersten Schrifttafeln mit der altgriechischen, aus der phönizischen entwickelten Schrift beschrieben werden, ist auch bald von den schönen, aber furchteinflößenden Frauen die Rede. Ehrfürchtig und entzückt, aber auch entsetzt und erstaunt über das Unerhörte sind die Berichte, eine »Verkehrte Welt«, eine ganz und gar aus dem Rahmen des Bekannten fallende Gesellschaft.

Frauen ohne Männer: Sie kämpfen, sie regieren einen Staat, das wußte man. Aber wie leben sie, woher kommen die Kinder, die das Geschlecht der Amazonen am Leben erhalten?

David Andreas Mordtmann, Diplomat in der Türkei und Privatgelehrter, versuchte 1862 hinter das Geheimnis des Amazonenvolkes zu kommen. Wie ein Märchen beginnt das erste deutsche Buch über dieses Volk:

»Im westlichen Teil von Afrika, da wo die Wüste Sahara den Atlantischen Ozean erreicht, ferner in dem Winkel ostwärts von Samsun, wo sich der Thermodon in das Schwarze Meer ergießt, endlich an der Grenzscheide von Europa und Asien, südostwärts vom Don, wohnten in uralten Zeiten Weiber, welche auf die Jagd gingen, in den Krieg zogen und den Nachbarvölkern durch ihre beständigen Heereszüge beschwerlich fielen. Keine Mannsperson befand sich in ihrem Gebiete, höchstens als Sklave für die weiblichen und häuslichen Arbeiten; zu gewissen Zeiten des Jahres verließen die Weiber ihre Wohnsitze, um mit den benachbarten Völkern eine Art ehelicher Verbindung einzugehen, und die aus dieser Verbindung entspringenden Knaben wurden bei ihrer Geburt entweder getötet oder den Vätern eingehändigt, die Mädchen aber sorgfältig zum Krieg erzogen. Nach dem trojanischen Kriege verschwinden sie, und nur die Geschichte Alexander des Großen rief sie wieder auf kurze Zeit ins Gedächtnis zurück. Amazonen nennt die Geschichte diese kriegerischen Weiber, ohne Rücksicht auf ihre verschiedenen Wohnsitze.«

Die historisch ungewöhnliche Tat der Königin Thalestris, ihr Angriff auf die bestehenden Moralvorstellungen der Griechen und ihre freimütige Bereitschaft, sich von Alexander ein Kind machen zu lassen, haben für die Amazonen gar nichts Ungewöhnliches. Es gehörte zu den Prinzipien der männerlosen Gesellschaft, sich der Männer zu bedienen.

2.

WIE LEBTEN DIE AMAZONEN?

Im barbarischen Bilder- und Schriftensturm der ersten christlichen Jahrhunderte wurde fast alles zerstört, was Auskunft hätte geben können über die Zeit davor. Schriften wurden verbrannt, Vasen und Statuen zertrümmert, Bilder wurden herabgerissen oder übermalt, unendlich viele Reliefs und Kunstwerke vernichtet. Mit vielen anderen wertvollen Zeugnissen einer jahrtausendealten Kultur zerstörte man auch die Berichte über die Frauenvölker vom Atlas und vom Schwarzen Meer.

Nur wenige Bruchstücke sind erhalten geblieben, auch sie nur Nacherzählungen weit älterer Texte – aber noch voller bunter Details und vielfältiger unglaublicher Geschichten. In der »Bibliothek der Geschichte«, im 1. Jahrhundert v. Chr. geschrieben, berichtet der Historiker Diodor, der sich auf heute längst verschollene Texte des Dionysos von Milet stützt, über die Schwarzmeer-Amazonen, über ihre Anfänge, ihre seltsamen Sitten und Gebräuche und ihr Schicksal.

»Als einst im Skythenland eine Zeit ohne Könige eingetreten war, ergriffen danach Frauen die Zügel der Regierung, welche sich durch Mut und Stärke auszeichneten. Bei jenen Völkern üben sich nämlich die Weiber in den Dingen des Krieges ebenso wie die Männer und bleiben in tapferen Taten hinter den Männern nicht zurück, weshalb denn auch durch ausgezeichnete Frauen viele und große Dinge ausgeführt worden sind, und zwar nicht nur bei den Skythen selbst, sondern auch bei den benachbarten Völkern. Als daher Kyros, der Perserkönig, der doch der mächtigste Herrscher seiner Zeit war, mit großer Streitmacht in Skythien einfiel, so rieb die Königin der Skythen Tomyus nicht nur das Heer der Perser auf, son-

dern machte auch den Kyros zum Gefangenen und schlug ihn ans Kreuz. Und so sehr ragte das vereinte Volk der Amazonen durch Mut und Tapferkeit hervor, daß es nicht nur viele benachbarte Länder siegreich durchzog, sondern auch große Teile Europas und Asiens unterwarf.«

Die skythischen Amazonen haben der Sage nach nicht freiwillig auf ihre Männer verzichtet. Jahre zuvor waren die skythischen Männer ausgezogen, um Beute zu machen. Die daheimgebliebenen Frauen gingen zur Jagd, kümmerten sich um das Vieh, nicht weil ihnen eine untergeordnete Rolle zufiel, sondern weil niemand anders da war, der diese Aufgabe hätte übernehmen können. Als die Männer nach einem Jahr immer noch nicht zurückgekehrt waren, schickten die Frauen Suchtrupps aus. Keine Spur aber deutete auf ein Lebenszeichen. In der Annahme, das skythische Heer sei aufgerieben, verheirateten sich die Frauen mit den Sklaven. Das skythische Heer jedoch hatte sich für den Nachhauseweg einfach nur Zeit gelassen. Als niemand mehr mit seiner Rückkehr rechnete, tauchte es wieder auf. Die Sklaven wehrten sich verzweifelt. Nach monatelangen Kämpfen gelang es schließlich den Skythen, den Kampf zu gewinnen. Wer von den Sklaven nicht fliehen konnte, wurde ans Kreuz geschlagen; die Frauen töteten sich aus Furcht vor ihren Männern.

Soviel ist sicher, von amazonischem Selbstverständnis kann bei den Vorfahren der Frauen, die jetzt im Norden Kleinasiens wohnten, noch nicht gesprochen werden. Existenzielle Not hatte die skythischen Frauen dahin gebracht, sich mit ihren Sklaven zu verheiraten. Das Reich jedoch, das später an der Flußmündung des Thermodon entstand, scheint ein reines Amazonenreich gewesen zu sein. Die fruchtbare Küstenebene, die den Namen Themiskyra trug, schien den Frauen geeignet, ihren Staat zu gründen mit einer Hauptstadt, die den gleichen Namen trug wie das Land. Einst hatten die Frauen mit ihren Männern im Kriege Seite an Seite gekämpft, bis eine Königin, die sich durch besonderen Mut und Tapferkeit auszeichnete, ein nur aus Frauen bestehendes Heer zusammenstellte. Von Themiskyra aus planten die Amazonen ihre Beutezüge. Sie überfielen die Nachbarvölker, eroberten andere Länder, unterwarfen die Völker. Das Glück schien auf ihrer Seite zu sein. Sieg folgte auf Sieg. Voller Selbstvertrauen und Zuversicht gab sich die Königin nun als Tochter des Kriegsgottes Ares aus, und um den Gott gnädig zu stimmen, wurden Tempel errichtet und für das Gelingen der Feldzüge und das Blühen des Staates Opferfeste gefeiert. Das berittene Frauenheer opferte zum Zeichen der Demut das Wichtigste, was es besaß, das Pferd – oder Gefangene des letzten Feldzuges. Die Männer, ehemals noch gleichberechtigte Krieger, wurden durch Gesetz zum Wollespinnen und zu weiblichen Hausarbeiten verurteilt, während die Frauen in den Kampf zogen und sich in Freizeiten mit kriegerischen Spielen beschäftigten. Bis zum Don zog diese Königin mit ihrem Heer. In einer der Schlachten starb sie würdig wie ein Krieger den Heldentod.

Nun herrschte ihre Tochter. Diese eiferte der Tapferkeit der Mutter nicht nur nach, sie soll sie mit ihren Taten übertroffen haben. Über den Don hinaus kam sie mit ihrem Heer und besiegte der Reihe nach alle Völker bis nach Thrakien. Viel Beute brachte sie mit nach Hause, erbaute Ares und Artemis herrliche Tempel und gewann durch eine milde Regierung die Liebe ihrer Untertanen. Nach einer langen Ruhepause unterwarfen die Amazonen unter dieser Königin einen großen Teil Asiens. Ihre Macht erstreckte sich nun bis Syrien.

Als sie starb, folgten zwei der nächstverwandten Frauen auf den Thron. Die regierten mit Glanz und sorgten für den Ruhm und die Blüte des Amazonenreiches. Viele Jahrhunderte später, als der Ruf von ihrer Tapferkeit bereits alle bewohnten Länder ringsum erreicht hatte, unterlagen sie den Griechen in einer Schlacht.

Doch diese knappe Berichterstattung wirft erst recht eine Reihe von Fragen auf.

Immer wieder begegnet man der Frage: »Wie kann ein Amazonenstaat über Jahrhunderte bestehen ohne Männer? Während die früheren Amazonen ihre Männer zu Sklaven machten, sie degradierten, jedoch von ihnen Kinder empfingen, haben die späteren Reiche ihre Männer vollständig ausgerottet.

Schon früh stellte sich für die antiken Geschichtsschreiber dieses Problem. Daß die Amazonen kämpften wie Männer, herrschten wie Männer, ihren Staat regierten wie Männer, war bekannt, wurde sogar bewundert, respektiert. Daß aber die Amazonen so ganz ohne männliches Zutun sich fortpflanzten, wurde stark bezweifelt, auch wenn berichtet wurde, daß die Amazonenkönigin Marpessa, die wegen ihrer ein Leben lang bewahrten Jungfrauenschaft hohe Achtung genoß, die Herrschaft an ihre Tochter übergab. Aber wie geht so was?

Verschiedene Versionen sind uns überliefert. Hippokrates, geboren 460 v. Chr., berichtet:

»In Europa gibt es einen Skythenstamm, welcher um den Mäotischen See herum wohnt und sich von den übrigen Stämmen erheblich unterscheidet; man nennt ihn die Sauromaten. Die Frauen aus jenem Volksstamm reiten, schießen mit dem Bogen, schleudern den Wurfspeer vom Pferde herab und kämpfen, solange sie Jungfrauen sind, gegen die Feinde. Sie schlafen nicht eher mit einem Mann, bis sie drei Feinde erlegt haben, und erdulden nicht eher den Beischlaf, als bis sie die gesetzlich vorgeschriebenen Opfer dargebracht haben.«

Erst also mußte eine Jungfrau gezeigt haben, daß sie würdig war, ein Kind zu gebären. Wenn dieser Beweis erbracht war, zog sie mit den anderen aus, um sich mit den Nachbarn bei Spiel, Tanz und Wein solange zu amüsieren, bis man sicher sein konnte, schwanger zu sein.

Der griechische Geograph und Historiker Strabon (64 v. Chr. – 19 n. Chr.) hat sich mit dieser Frage beschäftigt:

»Zwei bestimmte Monate aber haben sie im Frühling, in welchem sie das nahe, sie von den Gargariern trennende Gebirge be-

steigen. Aber auch jene besteigen es nach alter Sitte, um mit den Weibern zu opfern und ihnen der Kindeserzeugung wegen beizuwohnen, und zwar blindlings und im Dunkeln, wie gerade einer eine findet, und nachdem sie sie geschwängert haben, entlassen sie dieselben.«

Wenn nun aber die Frauen in ihrem Staat überhaupt keine Männer geduldet haben, was machten sie dann mit ihren Söhnen? Der Augenblick der Geburt entschied oft schon über Tod und Leben bei vielen Amazonen. War es ein Knabe, wurde er in vielen Fällen sofort getötet. Bestenfalls, blieb er am Leben, bedeutete das ein Martyrium in Sklaverei. Die Frauen in Themiskyra brachen den Knaben Arm und Bein aus den Gelenken. Diese Verstümmelung erlaubte zwar noch die Verrichtung von Hausarbeiten, machte aber die heranwachsenden Männer als Krieger untauglich. Die Frauen waren sicher, daß ihnen von diesen Dienstboten keine Gefahr drohte.

Nach einer anderen Version schickten die Frauen ihre Söhne nach gewisser Zeit zu ihren Grenznachbarn, den Vätern. Da bei den wahllosen geschlechtlichen Vereinigungen weder die Mutter wußte, wer der Vater war, noch der Vater die Mutter benennen konnte, nahmen sich die Grenznachbarn liebevoll eines jeden Knaben an und zogen ihn auf wie den eigenen Sohn.

Diodor berichtet von den im Atlasgebirge lebenden »libyschen Amazonen«, daß bei ihnen die neugeborenen Knaben am Leben bleiben. Diese Amazonen müssen demnach nie auf fremde Stämme zurückgreifen, um sich ihre Nachkommen zu sichern. *»Die Männer aber führten, ganz wie bei uns die verheirateten Frauen, ein häusliches Leben, in dem sie den Befehlen ihrer Hausgenossinnen folgten; an den Feldzügen jedoch nahmen sie sowenig teil wie an den Staatsämtern, noch hatten sie sonst in den öffentlichen Dingen ein Wort mitzureden, so daß sie etwa, durch ihren Männerwert zu Stolz entflammt, den Weibern hätten zusetzen können. Die kleinen Kinder wurden nach der Geburt den Männern übergeben, und* *diese zogen sie mit Stutenmilch und anderen Speisen auf, wie sie eben den Altersstufen der Kinder zusagten.«*

Wurde ein Mädchen geboren, so bedeutete das sorgfältige Erziehung und Ausbildung und von klein auf die Gewöhnung an militärische Disziplin.

Viele Geschichtsschreiber und Historiker haben sich Gedanken über die Ethymologie des Namens Amazonen gemacht. Eine Erklärung wäre die, daß den Mädchen im Kindesalter die rechte Brust ausgebrannt wurde, damit später beim Bogenschießen und in der Schlacht keine Benachteiligung gegenüber den Männern zu beklagen war. A-Mazos, die Brustlosen, könnte dem Volk den Namen gegeben haben.

Diese sprachgeschichtliche Ableitung ist in den letzten Jahrzehnten immer mehr angezweifelt worden. Da die Amazonen sicher nicht die griechische Sprache benutzt haben, wird a-mazos = brustlos als Erklärung immer unwahrscheinlicher. A-maza könnte auch noch bedeuten, die ohne maza, ohne Gerste Lebenden.

In vielen indogermanischen Sprachen gibt es Wörter für Mond, die an die Amazonen erinnern: tscherkessisch maza, armenisch amis, Sanskrit masa usw. Die Verehrung des Mondes von den Amazonen, der Mondkult, könnte auch zu ihrer Bezeichnung geführt haben.

Gleichwohl haben alle Erklärungen einiges für sich, denn die eine betont die durch die militärischen Eigenheiten dargestellte Vorherrschaft der Frauen, die andere weist auf ihre eigentlich nomadische Lebensweise hin.

Die dritte wiederum weist auf die Fortsetzung des Selbstverständnisses aus matriarchalischen Gesellschaftsformen hin.

Der Historiker Justin, der die Episode von Thalestris und Alexander überliefert hat, beschreibt die Bräuche der Frauen in Themiskyra folgendermaßen:

»Die Mädchen gewöhnten sie nach gleicher Weise wie sich selbst nicht an ein ruhiges Leben und an Wollespinnen, sondern an Waf-

fen, Pferde und Jagdübungen, nachdem sie ihnen als kleinen Kindern die rechte Brust ausgebrannt haben, damit das Abschießen von Pfeilen nicht gehindert würde.«

Auch die libyschen Amazonen brannten ihren Töchtern die Brust aus, *»damit sie sich zur Zeit der Blüte nicht erheben könnte; denn die vom Leib emporragenden Brüste schienen kein geringeres Hindernis im Kriege zu sein, und eben weil sie derselben beraubt waren, wurden sie von den Griechen Amazonen genannt.«*

Auch Hippokrates berichtet, daß den Frauen der Sauromaten die rechte Brust fehlt. Solange sie noch unmündige Kinder sind, legen die Mütter den Mädchen ein zu diesem Zweck hergestelltes glühende Eisen an die rechte Brust und versengen sie so, daß ihr Wachstum gestört ist, dafür aber alle Kraft an die rechte Schulter und an den rechten Arm abgegeben wird.

Diese Schönheitsfehler hat die Anziehungskraft der Amazonen niemals geschmälert. Stets werden sie als ein Volk ausgesucht schöner und stattlicher Frauen geschildert oder gestaltet. Vielleicht war es das andere, das sich bewußt Unterscheidende von gültigen Anschauungen, das Nein-Sagen zur männlichen Herrschaft, was immer wieder zur Beschäftigung mit den Amazonen geführt hat.

3.

GRIECHEN UND AMAZONEN: DER GROSSE KRIEG

Vom Schwarzen Meer aus hatten die Amazonen ihre Eroberungszüge nach ganz Kleinasien unternommen und dort eine Reihe von Städten gegründet wie Ephesos, Smyrna und viele andere. Die Griechen aber waren von Westen über das Meer nach Kleinasien vorgedrungen und hatten die Westküste der heutigen Türkei und die davorliegenden Inseln besiedelt.

Sei es die räumliche Nähe, sei es der Eroberungstrieb, der beiden Völkern eigen war, die Griechen jedenfalls waren wie kein anderes Volk von den Amazonen fasziniert. Immer wieder stößt man auf Textstellen über sie, die dieses Interesse belegen. Wenn später die waffenkundige, kampfesmutige Frau eher ein Greuel für Männer war, den Griechen schien die Kühnheit und Entschlossenheit eher anziehend zu sein. Ein bewaffnetes, kämpfendes Frauenvolk in der Nähe bedeutete jedoch auch eine Herausfordung. Diese Konkurrenz konnte nicht einfach hingenommen werden. Der Kampf um Stärke und Macht war unumgänglich.

Die ältesten schriftlichen Zeugnisse der Amazonenkämpfe stammen von Homer, sind also mindestens 800 Jahre v. Chr. entstanden. Seine Angaben werden von den Historikern als durchaus zuverlässig angesehen. Zum Beispiel wissen wir heute, daß seine Beschreibung des Trojanischen Krieges weniger eine Phantasieschöpfung als vielmehr eine exakte, wenn auch poetisch ausgeschmückte Kriegsberichterstattung war. Nach Ende des Trojanischen Krieges um ca. 1200 v. Chr. hatten fahrende Erzähler in Gesängen und Liedern von den Ereignissen berichtet, die von Homer dann viel später aufgeschrieben und in ihre jetzige Form gebracht wurden.

Da die Forschung den »Trojanischen Krieg« heute mit großer Sicherheit um etwa 1200 v. Chr. datiert, müssen die von Homer erwähnten Zusammenstöße mit den Amazonen noch *vor* dieser Zeit liegen. Dreimal tauchen bei Homer die männergleichen Amazonen auf. Die erste Textstelle berichtet von einem Amazonengrab, das offenbar so uralt ist, daß die Trojaner selber nur noch eine verschwommene Erinnerung daran haben:

»Vor der Stadt ist ein hoher Hügel
Auf einer Ebene, isoliert, von allen Seiten zugänglich
Die Menschen nennen ihn Batiea,
Die Unsterblichen aber das Denkmal der sprunggewandten Myrina.« (Ilias II., 812–814)

Myrina war eine Amazonenkönigin. Sie gehörte zu den libyschen Amazonen, die zwischen Atlasgebirge und dem Tritonsee lebten. Eine Gedenkstätte oder gar ein Grabmal von ihr am Ufer der Dardenellen vorzufinden, bedeutet, daß diese libyschen Amazonen weit ausgedehnte Züge unternommen haben müssen.

Die zweite Textstelle bei Homer bezieht sich auf den Kampf des Sagenhelden Bellorophontes, ein Enkel des Sisyphos, des Gründers von Korinth, mit den Amazonen. Bellorophontes lebte am Hof des Königs von Lykien, einer Landschaft an der Südküste von Kleinasien, etwa auf der Höhe von Rhodos. Die Amazonen waren offenbar Grenznachbarn.

Wie viele andere Helden in Sagen und Märchen muß auch Bellorophontes eine Reihe schwieriger Aufgaben erledigen. Eine davon fordert ihn auf, einen Kampf mit den Amazonen zu bestehen. Ein einziger Vers bei Homer erwähnt diese Auseinandersetzung.

»Drauf zum dritten erschlug er die männische Hord' Amazonen.« (Ilias VI., 186)

Die dritte Textstelle ist erheblich präziser und gibt genaue Auskünfte über Ort und Zeit: Der alte Priamos erzählt Helena ein Erlebnis aus seiner Jugend, das etwa 50 Jahre *vor* dem Trojanischen Krieg stattgefunden haben muß:

»Einst bin ich auch nach Phrygien gekommen, dem weintragenden:
Da sah ich in Mengen phrygische Männer, rossebewegende,
Die Völker des Otreus und Mügdon, des gottgleichen,
Die damals ihr Heerlager hatte an den Ufern des Sangarios.
Denn auch ich wurde als Verbündeter unter ihnen gezählt.
An dem Tag, als die Amazonen kamen, die männergleichen.
Aber auch die waren nicht so viele, wie die hellblickenden Achaier.«

Neben Zeit- und Ortsangabe ist von Bedeutung, daß die Trojaner zusammen mit den Phrygiern Amazonenüberfälle abwehrten. Ort dieses Geschehens war die heutige Westtürkei, der Sangarios zeigt genau die Grenze an. Die Erwähnung des Flußnamens ist der verläßlichste Beweis für die genaue Lokalbestimmung: Völker können weite Wanderungen unternehmen, ihre Namen sogar auf andere Völker übergehen, Städte gehen unter und tauchen an anderer Stelle wieder auf. Nur ein Fluß behält im wesentlichen seinen Verlauf und erleichtert die Gebietsfestlegung. Nimmt man die Textstellen von Homer ernst, dann gab es also schon vor dem Trojanischen Krieg Kämpfe zwischen griechischen Siedlungen in Kleinasien und den »amazonischen Horden«.

Die große Auseinandersetzung zwischen den Griechen und den Amazonen muß demnach weit vor dem Trojanischen Krieg stattgefunden haben. Zwei Versionen sind überliefert. Einmal wird sie mit dem ionischen Städtegründer und ersten König von Athen, Theseus, in Verbindung gebracht. Ein andermal ist es Herakles, der zum entscheidenden Vernichtungsschlag ausholte.

Wahrscheinlich ist, daß die Griechen bei ihren Eroberungszügen auch auf die Frauen am Thermodon, die ihrerseits ebenfalls an der Unterwerfung anderer Länder interessiert waren, gestoßen sind. Für beide Völker mußte diese Begegnung eine Herausforderung, eine Bedrohung sein, und nur der Stärkere konnte über die weitere Entwicklung der Staaten entscheiden.

Die Heldensagen von Herakles und Theseus beschreiben die Kraftprobe mit den Amazonen am Thermodon. Aber auch die Argonauten hatten ein Zusammentreffen mit ihnen.

Nach der Niederschrift des Apollonios von Rhodos, der zu Beginn des 3. Jahrhundert v. Chr. geboren wurde, landen die Argonauten eines Tages an der Küste des Amazonenreiches:

»Am selben Tage umschiffen die Argonauten das hafenreiche Vorgebirge der Amazonen. In dem Golf, an der Mündung des Thermodon, landeten sie, da das Meer in Bewegung geriet. Diesem Fluß gleicht kein anderer Fluß oder Strom, so viel ihrer auf der Erde fließen, denn 96 Flüsse vereinigen sich mit ihm, wirklich hat er aber nur eine Quelle. Diese ergießt sich in das Uferland von den Hohen Bergen, welche die Amazonischen heißen.

Dort wäre es (beinahe) zum Kampf mit den Amazonen gekommen, bei längerem Weilen – er wäre nicht blutlos geendet –, denn die Amazonen, die in dieser Ebene wohnen, sind nicht sehr milde und gerecht. Sie lieben nur wilde Gewalt und kriegerische Taten, denn sie sind die Töchter des Ares.«

Die Argonauten, mehr kühne Entdecker und Seefahrer als Eroberer, gingen der Auseinandersetzung aus dem Weg. Nicht aber Herakles und Theseus.

4.

HERAKLES' ZUG GEGEN DIE AMAZONEN UND DER KRIEG DER AMAZONEN GEGEN ATHEN

Die Amazonen am Thermodon hatten eine Königin mit dem Namen Hippolyte. Als Zeichen ihrer Herrscherwürde trug sie einen Gürtel, den ihr der Kriegsgott Ares zum Geschenk gemacht hatte. Dieser Gürtel war nicht nur von auserlesener Schönheit, er wurde auch als Zeichen der Unberührtheit der Königin verstanden. Von diesem Gürtel hatte die Tochter des Eurystheus, Admete, erfahren. Herakles war nach dem delphischen Orakelspruch zum König Eurystheus geschickt worden, um sich seinem Willen zu unterwerfen und für ihn zwölf Arbeiten auszuführen, ganz gleich, was jener verlange. Als Eurystheus von seiner Tochter hörte, daß es ihr dieser Gürtel angetan habe, befahl er Herakles auf der Stelle, das Schmuckstück herbeizuschaffen.

Herakles hatte zuvor bei der Lyderkönigin Omphale bittere Erfahrungen gesammelt. Jahrelang hatte sie ihn als Sklaven gehalten, bis sie schließlich bereit war, ihm mehr Rechte als nur die Verrichtung von Hausarbeiten einzuräumen.

Mißmutig sammelte er ein Heer aus freiwilligen Kampfgenossen und machte sich auf den Weg. Wie erstaunt war er, als ihn die Amazonenkönigin Hippolyte nicht nur freundlich begrüßte; sie war, als sie hörte, weshalb Herakles gekommen sei, auch noch bereit, ihm zu helfen. Sie bot ihm den Gürtel als Gastgeschenk an.

Als Hera, Herakles' größte Feindin, hörte, daß die streitbaren Amazonen ganz friedlich mit dem Helden zusammengetroffen seien und gar nicht an einen Kampf dachten, verwandelte sie sich in eine Amazone. Schnell verbreitete sie das Gerücht, daß die Griechen die Königin entführen wollten. Voller Empörung griffen die Amazonen jetzt zu den Waffen, der Schlacht konnte nicht mehr ausgewichen werden. Als Herakles die bewaffneten Amazonen auf sein Schiff zustürmen sahen, glaubte er, einer Kriegslist von Hippolyte aufgesessen zu sein. Die Königin, die sich bei ihm aufgehalten hatte, wurde von ihm voller Zorn getötet.

Bei Diodor findet sich ein Bericht über die Schlacht:

»Die ausgezeichnetsten Amazonen griffen den Herakles an. Zuerst griff ihn Aella an, die Windsbraut, die von ihrer Schnelligkeit den Namen hatte, fand aber, daß ihr Gegner noch schneller war. Er wurde dann sofort von der Phillippis angegriffen, welche aber einer tödlichen Wunde erlag. Darauf erneuerte Prothoe den Angriff, die zuvor sieben Gegner besiegte. Als aber auch sie fiel, trat Eriböa an ihre Stelle. Sich ihrer Mannhaftigkeit in den kriegerischen Kämpfen rühmend, glaubte sie keiner Hilfe zu bedürfen, aber sie strafte ihre Worte Lügen und fiel von einem Stärkeren. Nach dieser kamen Keläno, Eurybia und Phöbe, die Jagdgefährten der Artemis, deren Pfeile sonst immer trafen, diesmal aber das Ziel verfehlten. Sie alle wurden von ihm niedergehauen, trotzdem sie sich gegenseitig mit ihren Schilden zu decken suchten. Nach diesen überwand er die Deianira, Asteria und Marpe, die Teemessa und Alkippe. Diese hatten geschworen, ihr Lebtag Jungfrau zu bleiben; sie hielten ihren Schwur, aber ihr Leben bewahrten sie nicht.

Herakles tötete die vornehmsten Amazonen, so daß die Nation gänzlich aufgerieben wurde.«

Wenig später landete Theseus, der König von Athen, am Thermodon. Obgleich Herakles das Amazonenheer gänzlich besiegt haben soll, wurde Theseus von den Amazonen freundlich begrüßt. Ein anderer Bericht geht davon aus, daß nicht Herakles Hippolyte getötet habe, sondern Theseus entführte sie nach Athen, worauf die Amazonen zum Feldzug gegen die Griechen rüsteten.

»Theseus war in jüngeren Jahren auf einem Feldzuge an der Küste der Amazonen gelandet; seltsamerweise flohen diese nicht vor dem stattlichen Helden, sondern sandten ihm ganz gegen ihre Gewohnheiten Gastgeschenke. Theseus aber gefielen nicht nur die

Gaben, sondern auch die schöne Amazone, die sie überbrachte. Sie hieß Hippolyte, und der Held lud sie auf sein Schiff ein; als sie es bestiegen hatte, fuhr er mit ihr davon. In Athen vermählte er sich mit ihr. Hippolyte war nicht ungern die Gemahlin eines solchen Helden.«

Die großen griechischen Heldensagen werden erst Mitte des 6. Jahrhunderts v. Chr. von den »zyklischen Dichtern« aufgeschrieben. Alle sind sie ziemlich ähnlich in der Wiedergabe des Handlungsablaufs, Differenzen gibt es lediglich bei der Benennung der Amazonen. Justin allerdings beschreibt Herakles nicht als friedlichen Bittsteller. Hier nutzt der Held die Abwesenheit der Kriegsgöttin Orithya, die mit ihrer Schwester Antiope das Amazonenreich beherrscht, aus und besiegt die ahnungslos zurückgebliebenen Amazonen ohne nennenswerten Widerstand. Von den Gefangenen sucht sich Herakles Melanippe, Theseus sich Hippolyte aus, zwei Schwestern der Antiope. Theseus behält seine Gefangene, nimmt sie mit nach Athen, heiratet sie und bekommt mit ihr den Sohn Hippolytos. Herakles gibt nach dem Sieg die gefangene Melanippe ihrer Schwester Antiope zurück und empfängt als Belohnung den Gürtel der Königin. Nachdem er so die Aufgabe gelöst hat, kehrt er zum König Eurystheus zurück.

Als aber Orithya erfährt, daß ihre Schwester in einen Krieg verwickelt wurde und daß der Räuber ein athenischer Fürst ist, muntert sie ihre Gefährtinnen auf und sagt: »Vergebens sei sowohl die Bucht des Portus, als Asien unterworfen wurde, wenn sie noch nicht nur Kriegen mit den Griechen, als vielmehr ihren Räubereien ausgesetzt wären.«

Es kommt zum Amazonenkrieg gegen Athen, den die Griechen des 6. Jahrhunderts keineswegs als Sage, sondern als historisches Ereignis empfanden, das eng mit den Gründungsjahren der Stadt verbunden war. Den Raub der Königin durften und konnten die Amazonen nicht hinnehmen. Kein Fremder, kein Mann durfte ungestraft gegen die Gesetze der Frauen verstoßen. Niemand nahm an, daß Hippolyte freiwillig dem König Theseus gefolgt war. Für Orithya, der Anführerin des Heeres, stand fest, daß ihre Schwester gewaltsam entführt worden sei, und es war die Pflicht aller, sie zu befreien. Der Frauenraub löste einen Rachefeldzug aus, ähnlich wie der Raub der Helena den Trojanischen Krieg.

Frauenraub ist in allen Sagen dieser Zeit ein schwerwiegendes Vergehen. Man kann nicht annehmen, daß sich dahinter wirtschaftliche oder militärische Interessen verbargen. Bei den Amazonen wog der Fall noch doppelt schwer: Gerade diese Frauen hatten geschworen, nie mehr Untertanen oder Eigentum des Mannes zu sein. Die Demütigung war so groß, daß sie einen ihrer längsten Kriegszüge begannen.

In der Theseus-Sage heißt es, daß die Amazonen eines Tages mit einer Flotte landeten, die Stadt umzingelten und mitten in Athen ein Lager aufschlugen. Die erschrockenen Einwohner aber flüchteten auf die Burg. Lange wagten beide Parteien keinen Angriff; endlich aber begann Theseus von der Burg herab den Kampf, nachdem er sich durch das Orakel vergewissert hatte, daß er siegen werde. Die Schlacht ging hin und her, mal wichen die athenischen Männer vor dem Ansturm der Frauen, mal wurden die Amazonen bis zu ihrem Lager zurückgetrieben. Als die Amazonen merkten, daß Hippolyte an der Seite ihres Mannes gegen ihr Volk kämpfte, kam es zu einer erbitterten Schlacht. Ein Wurfspieß traf sie neben Theseus und durchbohrte ihre Brust. Der Tod der Königin beendete den Kampf. Nach dem Friedensschluß verließen die Amazonen Athen und kehrten in ihr Vaterland zurück.

Diese Sage wird von späteren Schriftstellern nur in einem Punkt revidiert. Nicht über das Meer seien die Amazonen nach Griechenland gekommen. Die berittene Streitmacht habe sich mit dem anderen Reitervolk, den Skythen, verbündet und sei auf dem Landwege über den zugefrorenen Kimmerischen Bosporus nach Athen gekommen, den langen Weg an der Schwarzmeerküste entlang.

»Nachdem sie nun einen großen Teil von Europa durchzogen

hatten, kamen sie zuletzt nach Attika und schlugen ihr Lager an der Stelle auf, welche noch jetzt nach ihnen das Amazonium genannt wird. Theseus, welcher vor dem Einfall der Amazonen Nachricht erhielt, kam dem Staate zu Hilfe, indem er von der Amazonin Antiope begleitet war, mit welcher er einen Sohn Hippolythos erzeugt hatte. Da die Athener tapferer als die Amazonen waren, besiegte sie Theseus in der Schlacht, und die Amazonen wurden teils getötet, teils aus Attika vertrieben. Auch Antiope, welche an der Seite ihres Gatten Theseus kämpfte und sich durch Tapferkeit auszeichnete, starb den Heldentod. Die übrigen Amazonen gaben ihre Heimat auf, kehrten nach Skythien zurück und wohnten bei den Skythen.«

Nach Diodor gehen also die Amazonen wieder in dem Volk der Skythen auf, von dem sie sich einst abgespalten hatten. Das wäre eine Erklärung für ihr Verschwinden. Nirgends mehr tauchen sie auf, so daß spätere Generationen sie nur noch für Fabelwesen halten können. In manchen Überlieferungen verschmelzen die beiden, die Herakles- und die Theseus-Sage, zu einer: Herakles und Theseus führen den Kampf um den Gürtel gemeinsam. Plutarch beschreibt den Überfall der Amazonen ausführlich und mit vielen präzisen Ortsangaben:

»Dieser Krieg scheint keineswegs geringfügig oder weibisch gewesen zu sein, denn die Amazonen würden sich nicht in der Stadt gelagert und bei der Pnyx und bei dem Museum im Handgemenge gekämpft haben, wenn sie nicht im völligen Besitz des Landes und nahe bei der Stadt gewesen wären. Wenn sie nun, wie Hellanikus berichtet, über den gefrorenen Kimmerischen Bosporus gezogen wären, so ist die Sache glaublich; denn daß sie in der Stadt gelagert haben, beweisen jetzt die Namen der Plätze und die Begräbnisstätten der Gefallenen. Lange Zeit zauderte man bedenklich von beiden Seiten, ehe man die Schlacht begann; zuletzt aber habe Theseus dem Phosbos ein Opfer geschlachtet und mit den Amazonen den Kampf eröffnet. Die Schlacht fand statt im Monat Boedromion, weshalb

die Athener noch bis jetzt die Boedromien opfern. Clidemus, welcher alles sehr ausführlich berichtet, sagt, der linke Flügel der Amazonen habe sich nach dem heutigen Amazonium ausgedehnt, der rechte aber bis an die Pnyx zur Chryse.

Die Athener griffen sie vom Museum aus an, und die Gräber der gefallenen Athener befinden sich an der Straße, welche zu den Toren am Heroon des Chalkodon führte, welche jetzt die Piräischen Tore heißen. Dort wären sie mit Gewalt zurückgedrängt bis zu den Eumeniden, und sie hätten sich vor den Weibern zurückgezogen. Diejenigen Athener aber, welche vom Palladium, Ardettus und Lyceum hervorbrachen, wären auf den rechten Flügel derselben gestoßen bis zum Lager und hätten viele Weiber zurückgetrieben. Im vierten Monat endlich wurde durch Vermittlung der Hippolyte der Friede geschlossen. (Clidemus nennt die Gemahlin des Theseus Hippolyte und nicht Antiope.)

Einige aber sagen, sie habe an der Seite des Theseus gekämpft und sei durch einen Wurfspieß von der Molpedia getötet, und die Säule bei der Olympia sei ihr zur Erinnerung aufgerichtet. Es ist eben nicht zu verwundern, daß die Geschichte bei so uralten Ereignissen sich irre. Die verwundeten Amazonen sollen von der Antiope heimlich nach Chalkis geschickt und dort verpflegt worden sein; einige von ihnen sind daselbst bei dem heutigen Amazonium begraben. Daß der Krieg durch einen Frieden beendigt wurde, beweist noch der Name des Ortes nahe dem Theseum, nämlich das Horkomosion und das ehemals von den Amazonen vor dem Theseum dargebrachte Opfer.«

Nun könnte man einwenden, daß Plutarch (geb. 46 n. Chr.) ein verhältnismäßig später Zeuge sei für Ereignisse, die sich vor 1200 Jahren, nämlich vor dem Trojanischen Krieg, abgespielt haben müßten. Unbezweifelbar aber hat er die beschriebenen Plätze und Denkmäler selber gesehen und die daran geknüpften Erinnerungsfeiern miterlebt.

Auch Herodot hat die Amazonen ausführlich geschildert. Er

setzt voraus, daß den Lesern der Überfall einer griechischen Flotte auf die Amazonen vom Thermodon bekannt ist. Nach der Schlacht bemächtigten sich bei ihm die Griechen der überlebenden Frauen und segelten mit ihnen davon. Auf offener See aber griffen die Amazonen die Männer an und besiegten sie. Da die Amazonen jedoch kein Seefahrervolk waren, wußten sie nicht mit Steuer und Segel umzugehen. So trieben sie dahin, dem Wind und dem Meer ausgeliefert. Endlich kamen sie nach Kremnoi am Maietis-See. Kremnoi gehört zum Gebiet der sogenannten freien Skythen. Dort verließen die Amazonen die Schiffe und wanderten los. Als sie auf die ersten Pferdeherden stießen, nahmen sie die Reittiere und zogen plündernd durch das Land der Skythen.

Dieser Verlauf ist ganz anders als bei den anderen Dichtern oder Geschichtsschreibern. Die Frauen ziehen nicht nach Athen, sondern müssen sich in der Fremde zurechtfinden, ohne zu wissen, wie sie je in ihre Heimat zurückkommen sollten.

Als die Skythen die Fremden sahen, rätselten sie herum, woher diese wohl gekommen sein mochten. Weder Sprache noch Kleidung war ihnen bekannt. Und als sie nach dem ersten Kampf die Toten sahen, entdeckten sie, daß es Frauen waren.

Die Skythen beschlossen, die Frauen auf keinen Fall mehr zu töten. Sie schickten die jüngsten Krieger aus, ungefähr so viele, daß die Frauen nicht in der Überzahl waren. Sie sollten in der Nähe der Frauen ein Lager aufschlagen und das Leben dieser seltsamen Gemeinschaft beobachten. Nicht kämpfen sollten sie mit ihnen, sondern um ein friedliches Zusammensein werben.

Die Amazonen waren ein sexuell emanzipiertes Volk. Zu geschlechtlichen Beziehungen mit Männern, die ihnen nicht vertraut waren, waren sie schnell bereit. Als sie die skythischen Männer bemerkten und feststellten, daß nicht kriegerische Absicht sie zu ihnen geführt hatte, verständigten sie sich schnell und lebten nebeneinander wie alte Bekannte.

In der Mittagszeit hatten die Amazonen die Angewohnheit, in

den Wald zu gehen, allein oder zu zweit, um ihre Notdurft zu verrichten. Als die Skythen das sahen, näherten sie sich den Frauen. Die Amazonen, obgleich sie die Sprache nicht verstanden, wehrten die Männer nicht ab und gaben ihnen durch Zeichen zu verstehen, sie sollten am nächsten Tag wiederkommen und noch andere Männer mitbringen. Am nächsten Tag trafen sie sich wieder, um miteinander Spaß zu haben.

Bald rückten die Lager zusammen, und man lebte gemeinsam. Jeder nahm die zur Frau, mit der er zuerst zusammengekommen war. Als sie anfingen, die Sprache des anderen zu verstehen und zu sprechen, erklärten die Männer den Frauen, woher sie gekommen sind und daß die Frauen mitkommen sollten, um mit ihnen und ihren Angehörigen zu leben. Aber die Amazonen wollten selbständig bleiben. Sie forderten die Männer auf, sich ihr Erbe zu holen, um fortan mit ihnen zu leben. Das taten die Männer. Als sie zurückkamen, wanderten sie zusammen bis über den Don, um dort zu wohnen. Drei Tagesreisen wanderten sie vom Don aus weiter nach Osten, von dort drei Tagesreisen vom Maietis-See nach Norden. Dort schlugen sie ihr Lager auf. Seitdem führen die Sauromatenfrauen die alte Lebensweise: Sie reiten zur Jagd mit und ohne ihre Männer, ziehen in den Krieg und tragen die gleiche Kleidung wie sie.

Der Einfluß der Amazonen blieb nicht auf die geschilderten Ereignisse beschränkt. Selbst im sagenhaften Trojanischen Krieg, der im 12. Jahrhundert v. Chr. stattgefunden hat, sind weibliche Kriegerinnen zu finden. In den Berichten über den Trojanischen Krieg treffen sie zu einem dramatischen Zeitpunkt in Troja ein.

In Troja herrschte Trauer. Achilles hatte im Zweikampf Hektor besiegt und ihn zum Zeichen seines Sieges an seinen Streitwagen gebunden und um die Mauern Trojas geschleift. Priamos, König der Trojaner, hatte sich die Leiche seines Sohnes teuer erkaufen müssen. Jetzt ruhten für elf Tage die Waffen, um den edelsten Helden würdig zu bestatten.

Verzweiflung hatte sich der Trojaner bemächtigt. Niemand wagte, die Stadtmauern zu verlassen, aus Furcht, nicht mehr lebend heimzukommen. Das Schicksal der Stadt schien endgültig und besiegelt zu sein.

»Da erschien von den Ufern des Thermodon die göttergleiche Penthesilea. Zwölf andere Amazonen folgten ihr, alle schön und glänzend und kampflustig.«

Angeführt von ihrer Königin zogen die kriegsgeübten Frauen in die Stadt ein, mitten in die Trauerfeiern. In ihrer Goldrüstung erschien Penthesilea den verzweifelten Trojanern wie die Verheißung des Sieges; es schien, als ob dieses Zuhilfeeilen die Wende im langen Kampf um Helena bringen könnte.

»Denn vereint in der Herrscherin Antlitz
Paarte sich Strenges und Mildes, das Grauen mit lieblicher Anmut
Im seligen Lächeln; die sehnsuchtsblickenden Augen
Leuchteten unter den Brauen hervor, wie Strahlen der Sonne.
Röte der Scham bedeckte die Wang', und über der Wange
Thronte, vermählt mit der Kraft hochherzigen Sinnes, die Anmut.«

Penthesilea, Königin der Schwarzmeer-Amazonen, hatte Gründe, nach Troja zu kommen. Es war nicht allein uneigennütziges Handeln, sie wollte endlich Rache für den Tod ihrer Schwester Hippolyte. Der Raub einer Amazone hatte ähnliches Unglück über ihr Volk gebracht wie der Raub der schönen Griechin nach Troja. Sie versprach den kampfesmüden und verzweifelten Trojanern die Vernichtung des griechischen Heeres und den Tod des Achilles. Das mußte den Trojanern wie eine Verheißung vorgekommen sein. Hatte doch gerade eben dieser Held einen ihrer besten Söhne getötet und im Tode noch gedemütigt.

Die Trojaner nahmen die Hilfe begeistert an. Priamos, niedergeschlagen vom bisherigen Verlauf des Krieges, der auch seiner Familie große Verluste zugefügt hatte, schöpfte neue Hoffnung. Er bewirtete Penthesilea königlich, überschüttete sie mit kostbaren Geschenken und versprach ihr die höchsten Belohnungen, wenn es ihr gelänge, die Griechen zu besiegen.

Penthesilea war sich ihres Sieges sicher. In der Nacht erschien ihr im Traum ihr Vater, der Kriegsgott Ares, der ihr für den bevorstehenden Kampf den Sieg verhieß. Es war jedoch nicht Ares, sondern Athene, die in verkleideter Gestalt Penthesilea den Sieg verkündete. Athene hatte es Paris nicht verziehen, daß er Aphrodite ihr vorgezogen, der anderen den Apfel gegeben hatte; dafür sollten die Trojaner büßen.

Am nächsten Morgen stürmten die Amazonen, gefolgt von den Trojanern, gegen das griechische Heer. Als Späher den Griechen, die sich, des sicheren Sieges gewiß, zum Teil auf ihre Schiffe, zum Teil in ein Lager an der Küste zurückgezogen hatten, berichteten, daß die Trojaner einen Angriff wagten, glaubten sie, das könne nicht mit rechten Dingen zugehen.

»Wer erweckte die Troer nach Hektors Falle zum Kampfe? Einer in Mitte des Heeres entflammte die Genossen zum Streite. Wohl ist dieser ein Gott.« (Quintus)

Die Schlacht begann. »Gleich rohfressenden Tieren an Wut« kämpften die Amazonen gegen die Griechen. Die Amazonen kämpften vom Pferd aus und waren außer mit Pfeil und Bogen mit zwei Wurfspeeren und noch einer weiteren, von den Griechen gefürchteten Waffe ausgerüstet, der zweischneidigen Doppelaxt. Schwer wie eine Keule und scharf wie eine Rasierklinge reißt sie furchtbare Lücken in die Reihen der Gegner. Ein Langschwert für den Nahkampf und ein halbmondförmiges kleines Schild vervollständigen die Ausrüstung.

Penthesilea hatte über *»ihre silbergleichen Schenkel die goldenen Beinschienen gezogen. Dann legte sie einen schimmernden Harnisch an und gürtete über ihre Schulter ein großes Schwert, dessen Scheide mit Silber und Elfenbein kunstvoll ausgelegt war. Darauf nahm sie den Schild, welcher einer Mondscheibe ähnlich war,* *wenn sie über den Wogen des Ozeans halbvoll mit gekrümmten Hörnern aufgeht, über den Schild nahm sie zwei Wurfspieße und in die Rechte die zweischneidige Axt . . .«*

So angetan kämpfte Penthesilea wie eine Löwin, *»nur nach Blute sich sehnend«*. Ihre Schwester sollte doppelt, dreifach, hundertfach gerächt werden. Viele Griechen wurden von ihr getötet: Persinoos, Molion, Lernos, Antitheos, Illisos, Elasippos, Hämonides, Hippolomos.

Es schien, als ob dem Sieg Penthesileas nichts mehr im Wege stünde. Wie unverwundbar kämpfte sie sich durch die Reihen und trieb das griechische Heer zurück. Noch aber hatten Achilles und Ajax, die gefürchtetsten Griechen, nicht in den Kampf eingegriffen. Sie trauerten am Grabe Patrokles', dem Geliebten des Achilles, der von Hektor erschlagen worden war.

Von den Mauern Trojas beobachteten die Zurückgebliebenen den Kampf. Es sah so aus, als ob der verlorengeglaubte Krieg doch noch zu Trojas Gunsten entschieden werden konnte. Und beinahe hätten noch die trojanischen Frauen ihren Geschlechtsgenossinnen nachgeeifert, wenn nicht Theano zur Besonnenheit aufgefordert hätte.

Schon machen die Trojaner Anstalten, mit Brandfackeln die Schiffe der Griechen zu vernichten, als Ajax und Achilles heranstürmen. Penthesileas Wurfspeere prallen an den Rüstungen der beiden Helden ab wie Streichhölzer.

»Frau, dich übermannte Wahnsinn, daß du verwegenen Mutes uns Tod und Verderben gebracht hast«, mit diesen Worten stieß ihr Achilles die Lanze in die Brust. Bevor Penthesilea überlegen konnte, ob sie mit dem Schwert weiterkämpfen oder um Gnade bitten sollte, durchbohrte Achilles mit einem nächsten Speerstoß so gewaltig Reiterin und Roß, *»so wie einer aufspießt das Fleisch des geopferten Tieres«*.

Als Achilles der toten Penthesilea den Helm vom Kopf nahm, war er zum erstenmal entzückt von weiblicher Schönheit. Aphrodite hatte Penthesilea in ein vollkommenes Wesen verwandelt. Der Jammer, diese göttergleiche Schönheit getötet und nicht als Gattin nach Hause geführt zu haben, überfiel den Helden schmerzvoll. So groß war seine Leidenschaft zu der Frau, die er mit eigener Hand getötet hatte, daß er Thersites, der ihn wegen seiner Verliebtheit verspottete, mit einem einzigen Fausthieb niederstreckte.

»Ihm flogen die Zähne alle heraus. Er stürzte zu Boden, und ihm schoß in Strömen das dunkle Blut aus dem Munde. Eilig entwich aus den Gliedern des ganz nichtswürdigen Mannes sein unmännlicher Geist.«

Trojaner wie Griechen betrauerten den Tod von Penthesilea. Achilles übergab Priamos die Amazonenkönigin. Noch am gleichen Abend wurde sie mit weiteren Opfergaben verbrannt.

Der Tod von Penthesilea, der letzten Amazonenkönigin, beendet die Geschichte der Amazonen in Kleinasien. Penthesilea war nicht nur die verwegenste, mutigste und schönste von allen; ihr Auftreten war ebenso glanzvoll wie ihr Untergang tragisch. *»Sie war herrlich wie die Göttin der Morgenröte.«*

Mit ihr stirbt der Ruhm des Amazonenvolkes. Justin widmet ihrem Ende nur noch wenige Zeilen, ebenso Diodor:

»Zur Zeit des Trojanischen Krieges soll Penthesilea, die Königin der Amazonen, eine Tochter des Ares, nach Hektors Tod den Trojanern Hilfe geleistet und viele Griechen getötet haben. In dem Krieg mit Auszeichnung kämpfend, starb sie den Heldentod durch die Hand Achilles'. Sie wird die letzte der Amazonen genannt, die sich durch Mannhaftigkeit auszeichnete. Der Rest der Nation sei herabgekommen und gänzlich geschwächt worden, daher halten auch einige Neuere alle Berichte von der Mannhaftigkeit der Amazonen für Fabeln.«

5.

EINE AMAZONENKÖNIGIN EROBERT EIN WELTREICH

Aber das sind nicht die einzigen Spuren, die die Amazonen hinterlassen haben:

»Es dürfte jetzt geeignet sein, von den ehemaligen Amazonen in Libyen zu berichten. Viele glauben nämlich, daß es keine anderen Amazonen gegeben habe als diejenigen, welche im Pontus am Thermodon wohnten; in Wahrheit ist dem aber nicht so, denn die Amazonen in Libyen sind viel älter und haben denkwürdige Taten vollbracht. Wir wissen aber recht gut, daß ihre Geschichte vielen Lesern unerhört und fremdartig erscheinen wird. Denn da das Geschlecht dieser Amazonen viele Generationen vor dem Trojanischen Kriege ganz untergegangen ist, während die Amazonen am Thermodon kurz vor diesem Kriege blühten, so haben vermutlich die letzteren als später geborene und mehr bekannte den Ruhm der älteren und fast ganz unbekannten Amazonen geerbt.«

Schon zu Lebzeiten Diodors wissen die meisten Menschen nichts mehr von diesen afrikanischen Amazonen. Aber einige ältere Schriftsteller und Geschichtsschreiber hatten von ihnen berichtet, zum Beispiel Dionysios von Milet und Dionysios Stratobrachios, deren Schriften Diodor auszugsweise überliefert hat.

Das Amazonenreich in Libyen ist sehr alt. Als die ersten größeren Ansiedlungen entstehen, als sich im Mittelmeerraum die ersten Staaten bildeten, muß es bestanden haben.

Diese Amazonen sollen im westlichen Teil von Libyen, jenseits der bewohnten Gegenden, gewohnt haben. In ihrem Reich gehen die Frauen den kriegerischen Geschäften nach und nehmen an Feldzügen so lange teil, wie sie unverheiratet sind. Wenn aber die Jahre des Kriegsdienstes zu Ende gehen, suchen sie sich einen

Mann und bekommen Kinder. Die Herrschaft des Reiches und die Verwaltung des Gemeinwesens lag in den Händen der Frauen.

Die Männer führten ein häusliches Leben wie bei den Zeitgenossen Diodors die Ehefrauen. Sie gehorchten den Befehlen ihrer Gattinnen, nahmen weder an den Feldzügen teil noch an der Herrschaft, noch an der Verwaltung des Gemeinwesens. Die Säuglinge wurden von den Männern mit Milch und allerlei gekochten Speisen aufgezogen. Den Mädchen aber werden schon in zarter Kindheit die Brüste ausgebrannt, damit sie sich in der Zeit des Wachstums nicht ausdehnen und zu einem Hindernis im Kampf werden.

Wenn Diodor die geographische Lage des Amazonenlandes beschreibt, darf man sich nicht an den heutigen geographischen Vorstellungen orientieren. Das verkürzt geographische Weltbild der Antike zeigt die Abb. 5, die Herodotsche Weltkarte von Niebuhr.

»Man sagt ferner, daß sie eine Insel bewohnt haben, die wegen ihrer westlichen Lage Hespera (die Abendinsel) *genannt wurde und in dem tritonischen See liegt. Dieser soll nahe bei dem großen Ozean sein und nach dem Flusse, der sich in denselben ergießt, Triton heißen. Dieser See liegt nahe bei Äthiopien und bei dem größten Gebirge jener Gegend, welches in den Ozean hineinragt und von den Griechen Atlas genannt wird. Die besagte Insel soll ziemlich groß und reich an mannigfaltigen Baumfrüchten sein, von denen die Eingeborenen ihre Nahrung nehmen; auch haben sie eine Menge Ziegen und Schafe, welche ihren Besitzern Milch und Fleisch geben; des Getreides aber bedient sich das Volk gar nicht, weil es das Bedürfnis danach noch gar nicht empfunden hätte.«*

Die kriegerischen Amazonen unterwarfen zuerst die Städte der Insel mit Ausnahme von Mene (griech. Mond), welche für heilig gehalten wird. Danach führten sie Krieg gegen zahlreiche benachbarte Stämme und gründeten eine große Stadt, die sie nach ihrer Gestalt Chersonesos (Halbinsel) nannten.

Von hier aus planten sie größere Unternehmungen. Sie wollten große Teile der bewohnten Erde unterwerfen. Zuerst sollen sie gegen die Atlantier, das zivilisierteste Volk jener Zeit, gezogen sein, welche ein reiches Land mit vielen Städten bewohnten. Nach der Sage und nach dem, was griechische Mythologen überliefert haben, haben hier die Götter ihren Ursprung.

»Myrina, Königin der Amazonen, versammelte, so sagt man, eine Armee von 30 000 Frauen zu Fuß und 20 000 zu Pferde; sie widmeten sich besonders den Übungen zu Pferde wegen der Nützlichkeit im Kriege. Als Verteidigungswaffen trugen sie Schlangenhäute, denn Libyen bringt riesige Reptilien (= Krokodile) *hervor. Ihre Angriffswaffen waren Speer, Lanzen und Bogen. Dieser letzteren Waffe bedienten sie sich sehr geschickt, nicht nur zum Angriff, sondern auch, um diejenigen zurückzutreiben, die sie auf der Flucht verfolgten. Nachdem sie in das Gebiet der Atlanten eingefallen waren, schlugen sie zunächst in der Feldschlacht die Einwohner von Cerne und verfolgten die Flüchtlinge bis in die Mauern der Stadt. Sie bemächtigten sich der Stadt und mißhandelten die Gefangenen, um unter den benachbarten Völkern Schrecken zu verbreiten. Sie brachten alle erwachsenen Männer um, führten die Frauen und Kinder in die Sklaverei und zerstörten die Stadt. Das Gerücht vom Unglück der Cernäer hatte sich im ganzen Lande verbreitet, und der Rest der Atlantier war dadurch so in Schrecken versetzt, daß alle gemeinsam ihre Städte übergaben und versprachen zu tun, was man ihnen befehlen würde. Die Königin Myrina behandelte sie mit Milde, gewährte ihnen ihre Freundschaft und gründete an Stelle der zerstörten eine neue Stadt, welcher sie ihren Namen gab. Sie bevölkerte sie mit allen einheimischen Gefangenen, die dort bleiben wollten.*

Danach gaben ihr die Atlantier prächtige Geschenke und erwiesen ihr öffentlich große Ehren; sie empfing diese Zeichen ihrer Zuneigung und versprach, sie zu schützen. Da die Atlantier oft von den Gorgonen angegriffen wurden, die in der Nachbarschaft wohnten und die zu allen Zeiten ihre Feinde gewesen waren, zog die Königin Myrina auf Bitten der Atlabtier gegen das Land der Gorgonen.

Die Gorgonen stellten sich zur Schlacht; der Kampf war erbittert; aber schließlich gewannen ihn die Amazonen, töteten eine große Zahl ihrer Feinde und machten nicht weniger als 3 000 Gefangene. Da sich der Rest in die Wälder gerettet hatte, zündete Myrina diese an, um dieses Volk gänzlich zu vernichten. Da sie mit diesem Plan keinen Erfolg hatte, zog sie sich an die Grenzen des Landes zurück.

Da die Amazonen eines Nachts, voll Stolz über diesen Erfolg, ihre Wachen vernachlässigten, ergriffen die Gorgonen, ihre Gefangenen, ihre Speere und machten eine große Anzahl von ihnen nieder. Bald aber waren sie von den Amazonen umringt und wurden, von der Übermacht überwältigt, alle nach heftigem Widerstand getötet. Myrina ließ auf drei Scheiterhaufen die Leichen ihrer getöteten Gefährtinnen verbrennen, und sie ließ aus der Erde drei große Grabhügel errichten, welche man noch heute die Grabhügel der Amazonen nennt. Die Gorgonen, die sich in der darauffolgenden Zeit wieder vermehrt hatten, wurden später von Perseus, dem Sohn des Zeus, angegriffen; ihre Königin war damals Medusa. Schließlich wurden die Gorgonen ebenso wie die Rasse der Amazonen von Herakles ausgelöscht. Er konnte nicht erdulden, daß es nach so vielen Wohltaten, mit denen er das Menschengeschlecht bedacht hatte, eine Nation geben sollte, die von Frauen regiert wurde. Der See Tritonis aber soll infolge eines Erdbebens verschwunden sein, indem die an den Ozean stoßenden Ufer desselben auseinandergerissen wurden.

Myrina indes soll den größten Teil Libyens durchzogen haben und in Ägypten mit Horos, dem Sohn der Isis, welcher damals als König über das Land herrschte, ein Freundschaftsbündnis geschlossen haben. Danach führte sie Krieg gegen die Araber, tötete viele derselben und unterwarf sich Syrien. Als aber die Kilikier mit Geschenken ihr entgegenkamen und alles zu tun versprachen, was sie befehlen würde, so entließ sie diejenigen frei und ledig, die aus eigenem Antrieb ihr zugefallen waren, und daher soll es kommen, daß dieselben bis auf den heutigen Tag die ›freien‹ Kilikier heißen.

Danach bekriegte sie die Völker am Taurosgebirge, die durch kriegerischen Mut ausgezeichnet waren, und durchzog Groß-Phrygien bis zum Meer hinab. Als sie dann noch die Länder an der Meeresküste nacheinander gewonnen, machte sie den Kaikos-Fluß zur Grenze ihres Kriegszuges. In dem durch Kampf gewonnenen Land aber suchte sie diejenigen Plätze aus, welche sich zur Anlegung neuer Städte eigneten, und erbaute deren mehrere.

Einige derselben benannte sie mit ihrem eigenen Namen, die anderen aber nach ihren obersten Befehlshaberinnen: Kyme, Pitane, Priene. Doch sind dies nur diejenigen, die sie an der Meeresküste erbaute; noch andere mehr aber gründete sie in den Landschaften, welche sich gegen das Binnenland hinziehen. Auch einige der Inseln hatte sie in ihre Gewalt gebracht, besonders Lesbos, auf der sie die Stadt Mitylene gründete und nach ihrer Schwester benannte, die an dem Kriegszug teilgenommen hatte.

Als sie danach auch die anderen Inseln zu unterwerfen im Begriff war, wurde sie vom Sturm überfallen und, nachdem sie der Göttermutter zu ihrer Rettung ein Gelübde getan, auf eine der menschenleeren Inseln verschlagen.

Nach einer Erscheinung, die ihr im Traume geworden, heiligte sie dieselbe der Mutter-Göttin, errichtete derselben Altäre und brachte ihr herrliche Opfer. Die Insel aber nannte sie Samothrake, was, in griechische Sprache übersetzt, ›heilige Insel‹ heißt. Hingegen berichteten einige Geschichtsschreiber, daß die Insel, welche bis dahin Samos geheißen, nach den Thrakiern, die sich zu einer gewissen Zeit dort ansiedelten, Samothrake genannt worden sei.

Der Mythos aber erzählt, daß, nachdem die Amazonen auf das Festland zurückgekehrt waren, die Göttermutter, die an der Insel Wohlgefallen fand, nebst mehreren anderen auch ihre eigenen Söhne, die sogenannten Korybanten, daselbst ansiedelte und die Mysterien einführte, welche jetzt noch gefeiert werden, und das geweihte Gebiet zu einer Asylstätte machte. Um dieselbe Zeit nun soll der Thraker Mopsos, der vor dem Thrakerkönig Lycurgos flüchtete, mit einem Heere Vertriebener in das Land der Amazonen eingefallen sein. Als es nun zur Schlacht kam, siegte das Heer des Mopsos; Myrina aber, die Königin der Amazonen, wurde getötet und mit ihr die meisten anderen. Auch in weiteren Feldzügen blieben die Thraker erfolgreich, und schließlich zogen die Amazonen sich nach Libyen zurück.«

Nach den spärlichen, scheinbar widersprüchlichen Ortsangaben Diodors und anderer Reiseschriftsteller läßt sich ein Weltreich von gewaltigen Ausmaßen rekonstruieren, das dem Alexander des Großen in nichts nachsteht. Ein Gebiet, das vom Atlasgebirge bis zum Schwarzen Meer reicht: An der Westküste Afrikas muß der Stammsitz dieses Volkes gewesen sein, in der Nähe des Atlasgebirges, an seiner dem Atlantik zugekehrten Seite.

Heute liegt dazwischen die Riesenfläche der Sahara. Während der sogenannten Pluvialzeiten, der Regenzeiten, die den Eiszeiten entsprechen, war die Sahara noch grün. Vor 12 000 Jahren wurde hier Viehzucht betrieben, die Flußläufe führten Wasser, und es gab Wälder. Vor 8 000 Jahren lebten im Tassili Hirtenvölker, und zu Beginn der letzten neolithischen Feuchtperiode vom 6. bis 3. Jahrtausend v. Chr. war das Ténéré, ein Sandgebiet nördlich des Tschadsees, noch ein gewaltiger See von 90 000 Quadratkilometern (der Bodensee hat etwa 540 Quadratkilometer). An den ehemaligen Uferrändern findet man noch heute steinerne Harpunen, Widerhaken und Speerspitzen.

Viele Forscher nehmen an, daß die alten versunkenen Kulturen der Sahara einen großen unmittelbaren Einfluß auf die Entstehung der frühen Zivilisation am Mittelmeer gehabt haben.

Als der Nordost-Passat die Sahara allmählich austrocknete, blieben noch große Regionen weiter besiedelt. Im Tassili-n-Ajjer, einem heute kargen und verwitterten Hochland, 1 500 Kilometer südlich von Algier, wurden in den Schluchten, Höhlen und zerklüfteten Sandsteinkuppeln dieser bizarren Landschaft Felsmalereien gefunden, deren Reichtum und Qualität die europäischen

Betrachter in Erstaunen versetzten. Die gesamte kulturelle Entwicklung der Steinzeitmenschen ließ sich aus den Bildern ablesen. Die älteren, noch sehr einfachen symbolischen Darstellungen reichen bis in das 6. Jahrtausend v. Chr. zurück. Um 4000 v. Chr. werden sie von einer künstlerisch höherstehenden Hirtenkultur abgelöst.

Diodor sagt getreu seinen älteren Quellen folgend, daß die Heimat der libyschen Amazonen die Insel Hespera im Tritonsee gewesen sei. Der Tritonsee liegt jedoch nicht an der Westküste Afrikas, sondern im heutigen Tunis. Deshalb geht man schon lange davon aus, daß mit Hespera das heutige Teneriffa gemeint ist, weil es auf dieser Insel einen Vulkan und einen See gibt. Alte Reisebeschreibungen erwähnen den Reichtum dieser Insel an Baumfrüchten und Ziegen, und nach Berichten der ersten Kolonisatoren gibt es auf der Insel als Getreide nur Gerste, und ihre Ureinwohner, die Canaren bzw. Guantschen, waren blond.

Von hier aus dürften zunächst die benachbarten Inseln Gran Canaria und Lanzarote erobert worden sein und dann das angrenzende Festland. Dort gründeten die Amazonen mehrere Städte und unterwarfen als nächstes Numidien, das heutige Algerien, Marokko und das angrenzende Gebiet der Libyer. An der Atlantikküste stoßen sie auf Angehörige eines sehr alten Volkes – die Atlantier.

»Sie sind das gesittetste Volk der Welt«, schreibt Herodot, *»sie essen keine lebenden Wesen und haben keine Träume mehr.«* Und Platon sagt über sie im Kritioas-Dialog: *»Viele Generationen lang gehorchten die Bewohner den Gesetzen und waren für alles Göttliche empfänglich. Aber mit der Zeit waren sie nicht mehr imstande, das Glück zu ertragen, sondern entarteten.«*

Auf Reste dieses Volkes treffen die afrikanischen blonden, blauäugigen Reiterinnen vom Atlasgebirge. Die Festlandskolonie der Atlantier ist reich, und zu ihr gehören viele Städte, aber die Männer sind die *»harmlosesten jener Gegend«*, sie sind nicht in der Lage, sich gegen den Ansturm des Frauenheeres der Myrina zur Wehr zu setzen. Die Frauen zerstören nicht nur die Stadt Cerne, sie behandeln ihre Bewohner mit der im Altertum üblichen Grausamkeit. Sie töten die Männer und führen die Frauen und Kinder in die Sklaverei. Nach dem Friedensschluß mit den Atlantiern läßt Myrina die Stadt Cerne wieder aufbauen und nach sich selbst Myrina nennen.

Wo lag die alte Stadt Cerne? Antike Schriftsteller erwähnen die Stadt. Auch Hanno, König von Karthago und Seereisender, von dessen in punischer Sprache erschienenem Reisebericht (ca. 450 v. Chr.) es schon früh eine griechische Übersetzung gab, auch Skylax von Karyanda, einem Seefahrer und Geographen, gestorben ca. 480 v. Chr., dessen Reisebericht präzise Angaben über die Dauer der mit dem Schiff zurückgelegten Strecke enthält. *»Die ganze Fahrt von den Säulen des Herkules* (Gibraltar) *bis nach Cerne dauerte zwölf Tage.«*

Nach diesen und vielen anderen Angaben kann man annehmen, daß die Insel und die Stadt Cerne in dem Golf, in welchem der Rio d'Oro mündet (Spanisch-Marokko), gelegen haben muß. Noch heute befindet sich dort eine kleine Stadt mit dem Namen Herne, um die jedoch keine blühenden Ländereien und Städte mehr stehen, sondern nur die Wüste der Sahara.

Nach dem Bündnis mit den Atlantiern werden die Amazonen von diesen gegen ein anderes Amazonenvolk zu Hilfe gerufen, die Gorgonen, deren Name ebenfalls im Mythos aufbewahrt ist. Es kommt zu der geschilderten Schlacht, in der Amazonen gegen Amazonen kämpfen.

Nach dem Krieg gegen die Gorgonen unternimmt Myrina Kriegszüge von wahrhaft alexandrischem Ausmaß, zieht offenbar ohne Kampfhandlungen durch Ägypten und schließt sogar mit dem Oros, dem Sohn der Muttergöttin Isis, Freundschaft, dringt dann aber in die heutigen arabischen Gebiete ein, unterwirft Syrien, Zypern, Groß-Phrygien, das in der jetzigen Türkei lag, eroberte praktisch die ganze Mittelmeerküste und macht endlich den

Fluß Kaikos (heute türkisch: Bakyr tschai) zum Grenzfluß. In den riesigen eroberten Gebieten gründet sie nun wie alle großen Eroberer Städte, besonders auf Zypern und den zahlreichen, der kleinasiatischen Westküste vorgelagerten Inseln, die später griechisch werden. Mindestens Samos, Lesbos, Lemnos, Pathmos und Samothrake sind ihre Gründungen. Die Stadt Myrina auf Lemnos, das Grabmal der Myrina vor den Toren von Troja und jenes Myrina am Rio d'Oro zeigen die ganze Weite des Riesenreiches, allein die Luftlinie zwischen dem afrikanischen Myrina und dem lemnischen beträgt rund 2 500 Kilometer, die zu sichernde Küstenlinie das Doppelte.

Nach den Kämpfen gegen die Thrakier verlieren sich die Spuren der libyschen Amazonen. Die Kerntruppe muß sich nach ihrem Tod in die Heimat am Tritonsee zurückgezogen haben.

Im 6. Jahrhundert findet Herodot am Tritonsee noch Sitten und Bräuche, die an die Amazonen erinnern. Hoch im Atlasgebirge, da, wo die Gegend am unzugänglichsten ist, sind frauenrechtliche Züge am stärksten und reinsten erhalten geblieben. Bei einzelnen Tuareg-Stämmen haben die Frauen die Macht im Rat und kennen die altlibysche Schrift. Die Männer sind ungebildet, haben wenig zu sagen und spielen eine untergeordnete Rolle.

Vielleicht zog sich ein Teil der libyschen Amazonen mit ihrem kultisch bewahrten Geheimwissen um weibliche Macht tief ins Innere Afrikas zurück, wo es in der Folgezeit immer neue große Frauenreiche gibt, die von Frauenheeren verteidigt und von Königinnen und Priesterinnen regiert werden.

6.

ORTSSAGEN ÜBER AMAZONEN

Die Geschichte des langen, mühseligen Amazonenfeldzuges wird nicht nur in den Sagen von Theseus und Herakles besungen. Eine Unzahl von Ortssagen und lokalen Legenden halten die Erinnerung wach, teilweise bis auf den heutigen Tag.

Von diesen vielen Lokalsagen heben sich deutlich zwei Gruppen ab: In der einen werden die Amazonen als Bewohner oder Eroberer mit Wohnsitz dargestellt. Die andere beschreibt sie als Angreifer oder als Verfolgte, wie zum Beispiel auf ihrem Rückzug von Athen.

Am Südfuß des Berges Kane liegt das äolische Städtchen *Pitane,* jetzt Tschandarlü. Die äußerste Spitze des Vorgebirges, Aiga, hatte bereits eine Legende. Der römische Historiker Festus meint, daß sich hier die Amazonenkönigin Aige ins Meer gestürzt habe. Das Ägäische Meer soll nach ihr benannt worden sein.

Im innersten Winkel der Bucht, an der Pitane liegt, lag jenseits des Kaikos bei der Stadt Gryneia der berühmte feierliche Hain des alten Apollo-Heiligtums *Gryneion.* Nach Servius' Vergil-Kommentar sollte hier der Gott eine Amazone namens Gryne, die Namensgeberin dieses Ortes, überwältigt haben.

Auch *Myrina,* die nächste Nachbarstadt von Gryneion, hat eine Amazone gegründet. Von *Kyme* berichtet Hekataios, daß der ursprüngliche Name Amazoneion war, ein Sitz der Amazonen. Nach P. Mela hat aber die Amazonenkönigin Kyme nach Vertreibung der früheren Bewohner der Stadt ihren Namen gegeben.

Während um die Kaikos-Mündung etliche Amazonenorte liegen, findet sich am hermäischen Golf, von Klazomenai abgesehen, überhaupt nur eine Hafenstadt: *Smyrna.* Schon Strabon spricht von einer amazonischen Gründung. Nach Stephanos von Byzanz hat die Amazone Smyrna die Stadt benannt. Auch Ephesos, der Hauptort der Amazonenstädte, ist von ihr gegründet worden. Eine Reihe von Schriftstellern, auch Pindar, bezeichnen die Stadt und die Heiligtümer als Gründung einer Amazonenkönigin.

Stadt wie Heiligtum waren jedoch viel älter als die Ansiedlung der Amazonen. Wohl aber geht aus den zahlreichen Nachrichten hervor, daß die Stadt eine Zeitlang von Amazonen besetzt war. Nach Pausanias sollen die »Weiber vom Thermodon« das uralte, einheimische Heiligtum als Opferstätte benutzt haben.

Von den Griechen aus ihrer Heimat Themiskyra vertrieben, haben die Amazonen bei der ephesischen Göttin Aufnahme gesucht. Die Hauptbevölkerung bildeten die Legeler, die zum karischen Volksstamm gehören, und die Lyder. Aber um das Heiligtum herum, so berichtet Pausanias, wohnten Leute ganz anderer Herkunft, darunter »Frauen amazonischen Stamms«.

Im Gegensatz zu anderen Städten, auch zu Smyrna, haben die Amazonen Ephesos nicht nur den Namen gegeben; Örtlichkeiten innerhalb der Stadt erinnern an ihre frühen Bewohner und die nächste Umgebung. Zum Beispiel hieß die Gegend am Fuß des Berges Koressos »Smyrna« (= Myrina). Die ganze Stadt soll so nach der Amazonenkönigin geheißen haben, die sie gegründet hat. Auch der Stadtbezirk Sisyrbe wurde auf eine gleichnamige Amazone zurückgeführt.

Ganz unerklärbar wäre die Verknüpfung der Amazonenlegenden mit den uralten Kulten in Gryneion, Ephesos, Alope und Latoreia, wenn eine spätere Entstehung angenommen würde oder wenn man von der Tatsache ausginge, daß griechische Kolonisten die Sage auf diesen Küstenstreifen verpflanzt haben. Dieses ganze Gebiet war Amazonenland ebenso wie das Thermodon- und Iris-Tal. Nur gehörten die Amazonen hier nicht zur alteingesessenen Bevölkerung; sie kamen als Eroberer und hielten das Land eine Zeitlang besetzt.

Auf keinen Fall handelt es sich um Wanderungen eines plündernden Nomadenvolkes. Vielmehr weisen die Städtegründungen und die Stiftung uralter Kulte auf eine höhere Kulturstufe und eine längere Zeit der ständigen Ansässigkeit hin.

Auch auf den Inseln fehlen die Amazonensagen nicht. Dionysios Skytobrachion, wahrscheinlich selbst ein gebürtiger Mytilenaer, macht eine Schwester seiner Amazonenkönigin, Mytilene, zur Gründerin der gleichnamigen Stadt auf Lesbos.

Ganz unglaubwürdig erscheint allerdings, daß Dionysios die Amazonen auch nach Samothrake hinüberfahren läßt, um dort das große Heiligtum dieser Gottesmutter zu gründen. Der Kult der Kybele aber, die hier verehrt wurde, erinnert wirklich an den der asiatischen Göttermutter, die in Ephesos Artemis genannt wird.

Zwischen Lesbos und Samothrake liegt die Insel *Lemnos*. In der Sage heißt es, daß die Frauen von Lemnos, berühmt wegen ihrer Schönheit, in der Zeit, als der Sohn der Ariadne, Thoas, regierte, ihren Dienst für die Liebesgöttin Aphrodite vernachlässigt haben. Aphrodite war so erzürnt, daß sie auf Rache sann. Ohne Zutun der bezaubernden Frauen geschah etwas Unbegreifliches: Ihre Männer übersahen ihre Reize, überhörten das Werben der Frauen und wandten sich den thrakischen Sklavinnen zu, die im Vergleich zu den lemnischen Frauen aussahen wie Bauerntrampel. Darin sahen die Frauen einen Verstoß gegen das mutterrechtlich bestimmte Gemeinwesen, der nicht ungesühnt bleiben durfte: In einer einzigen Nacht, genannt die »Lemnische Hochzeit«, erschlugen die Frauen ihre Männer. Von nun an behielten die lemnischen Frauen ihre neugewonnene Freiheit und ihren Amazonenstaat: Männer kamen nur noch als Erzeuger des Nachwuchses in Betracht und mußten sie verlassen, sobald die Frauen schwanger waren.

Ein anderer Ort auf den Inseln hat eindeutige Nähe zu den Amazonen: Es ist Amazoneion, der Ort, wohin sich die kriegsmüden Amazonen nach der Schlacht mit den Griechen schleppten, um ihre verwundeten Schwestern zu pflegen und ihre Toten zu begraben.

Auf dem festländischen Griechenland, in Thessalien, finden wir die erste, nördlichste Spur anderer Amazonenlegenden, die, über den Osten Griechenlands verbreitet, einen ganz anderen Charakter tragen als diejenigen von Kleinasien. Es sind die Grabhügel bei *Skotussa* und *Kynoskephalai.* Amazonengräber finden sich auch am Bach Haimon bei *Chaironeia* in Böotien, der in alter Zeit einmal wie der Fluß in der asiatischen Amazonenheimat Thermodon geheißen haben soll. Auch bei *Chalkis* auf *Euböa* gab es ein Amazoneion, ebenfalls die Grabstätte von Amazonen. Der Fund einer archaischen Giebelgruppe vom Tempel in Eretria, die den Amazonenkampf des Theseus darstellt, bestätigt, daß hier die Sage feste Wurzeln hatte, und Strabon weiß sogar von einer Tradition, nach der einige Euböer zusammen mit den Thrakern die Amazonen bekämpft haben sollen. Nach Plutarch sollte Antiope die im Kampf um Athen verwundeten Amazonen heimlich zur Pflege nach Chalkis gebracht haben, wo sie in dem erwähnten Amazoneion ihr Grab fanden.

Eine Amazonentradition gab es auch in *Megara,* über die Pausanias (geb. ca. 110 n. Chr.) berichtet:

»*Nahe beim Heroon des Pandion ist das Grabmal Hippolytes. Ich will auch niederschreiben, was die Megareer von ihr sagen. Als die Amazonen, die um Antiopes willen gegen die Athener gezogen waren, von Theseus besiegt wurden, geschah es, daß die meisten von ihnen im Kampfe fielen, Hippolyte aber, die Schwester Antiopes und damalige Heerführerin der Weiber, mit wenigen nach Megara floh und, indem sie wegen des Verlustes ihres Heeres über ihre gegenwärtige Lage mutlos war und in Betreff des rettenden Rückzuges nach Themiskyra sich in noch größerer Verlegenheit sah, aus Kummer starb und hier begraben wurde. Das Schema ihres Grabmales ist einem Amazonenschilde ähnlich.*«

Das Grabmal (= Mnema) der Königin ist gewiß identisch mit dem Grab der Amazonen, welches Plutarch erwähnt. Zweifelhaft dagegen bleibt, ob das Wort rhomboidisch bei Plutarch dasselbe bedeutet wie Pausanias' Bemerkung, das Schema des Grabes sei einem Amazonenschild ähnlich. Zur Zeit von Plutarch und Pausanias ist die früher übliche halbmondförmige Amazonenpelta fast gänzlich vom Schild verdrängt worden. Plinius beschrieb dagegen einen Schild, dessen Rand nicht nur einen, sondern zwei nebeneinanderliegende, durch eine kräftige vorspringende Spitze getrennte Ausschnitte hat. Die längliche Form unterscheidet ihn sowohl von der älteren Amazonenpelta als auch vom griechischen Schild.

Es bleibt die Erklärung, daß entweder das Grabmal Hippolytes nicht das von Plutarch genannte Rhomboeides gewesen ist oder mit einem Schilde geschmückt war, wie er sonst von den Amazonen nicht verwendet worden ist.

Auch in *Megara* gab es ein Grab einer Amazone. Ein zweiter Kampfplatz, wo Theseus über die Amazonen gesiegt haben soll, lag in der Nähe von *Troizes*. Pausanias, der das erzählt, fügt die Vermutung hinzu, daß diese Amazonen wohl zu denjenigen gehörten, mit welchen Theseus in Attika gekämpft habe.

Diese festländischen Amazonensagen enthalten seltsam widersprüchliche Züge. Die meisten beruhen auf einer Vorstellung von einem Volk, das auf dem Landweg von Norden in Griechenland eingefallen und mindestens bis zum Isthmus südwärts vorgedrungen sein mußte, um zu plündern. Im Gegensatz zu den asiatischen Sagen werden die Amazonen hier aber zurückgeschlagen oder vernichtet; es gelingt ihnen nicht, die festen Städte einzunehmen.

Dementsprechend sind es auch hauptsächlich Gräber und Schlachtfelder, die man hier mit ihnen in Verbindung bringt. Die Orte liegen alle ungefähr in einer Reihe, in den östlichen Teilen der Halbinsel, und zwar auf demselben Weg, den wirklich in historischer Zeit die verschiedensten Völker auf ihren Eroberungszügen eingeschlagen haben.

Kleinasien war das Zentrum der Amazonenlegenden. Diese literarischen Sagen sind indes nur ein Teil der Überlieferungen. Die altattischen Vasen bestätigen zum Teil den Charakter eines städtegründenden Kulturvolkes, zum Teil den des skythenähnlichen Nordvolkes. Die Tatsache, daß im Tempel der Artemis von Ephesos vier berühmte Amazonenstatuen zu sehen waren, beweist aufs neue die enge Verbindung mit dem Kult der großen Göttin.

Münzen mit Amazonendarstellungen stammen fast ausnahmslos erst aus der römischen Kaiserzeit. Münzbilder halten im allgemeinen an alten, echten Lokaltraditionen fest. Wenn ihr Verbreitungsgebiet mit dem der literarisch bezeugten Legenden zusammenfällt, so kann man annehmen, daß auch in denjenigen Orten, wo keine literarischen Zeugnisse Auskunft über die Amazonen geben, Münzen mit Amazonendarstellungen auf eine alteinheimische Tradition zurückgehen.

In der Mitte des ägäischen Küstenlands traf man sie ebenso häufig an wie die literarischen Zeugnisse. Allen voran verkündete Smyrna – in klassischer Zeit eine unbedeutende Stadt – jetzt stolz auf ihren Münzen, die sie reichlich in den Handel schickt, daß eine Amazone ihre Gründerin war. Mal war nur die Büste der Jungfrau mit der Mauerkrone auf dem Kopf abgebildet, der Bipennis über der Schulter, mal wurde sie in voller Größe, sitzend oder stehend, dargestellt, allein oder mit Vertreterinnen anderer Städte. Einmal auch zusammen mit Ephesos, wodurch zum Ausdruck kam, daß auch diese Stadt von einer Amazone gegründet worden war.

Auch Kyme ist abgebildet worden, und auf einer anderen Bundesmünze sind Kyme und Myrina schwesterlich vereint. Münzen von Aigai und wahrscheinlich Pitane haben ebenfalls Amazonenprägungen, und stellvertretend für die übrigen zeigt die jüngere Nachbarstadt Phokaia ein Amazonenbildnis.

Bis tief ins Innere Kleinasiens gibt es Städte mit Amazonenmünzen. So wurden in Magnesia Münzen geschlagen, auf denen wie in Phokaia eine mit Axt und Pelta gekennzeichnete Amazone von einer Nike gekrönt wird, und auf einer früheren aus der Regierungszeit des Caracalla (186–217) streckt eine Amazone der Muttergöttin Kybele die rechte Hand entgegen.

Im Grenzgebiet zwischen Phrygien, Karien und Lykien, im Herzen der Landschaft Kabalia, lag das alte Kibyra, eine angesehene Stadt, die mit Smyrna geradezu wetteiferte in der Verherrlichung der Amazonen, die hier wie dort ihre Gründerinnen waren. Eine Frauengestalt mit Bipennis, Pelta und Lanze trägt auf dem Kopf entweder einen Kalathos oder eine Mauerkrone – ein Symbol, das viele Städte Kleinasiens verwendet haben.

Im Norden Phrygiens, am oberen Tymbres, liegt Kotyaion. Dort fand man eine Münze, auf der eine Amazone vor Herakles, das Bild einer Kybele in der Hand, opfert.

Östlich davon beginnt dann die wasserlose Steppe, die kaum Städte von Bedeutung hervorgebracht hat. Wichtig ist, daß Ankara und Kaisareia, die bedeutendsten Handelsplätze im gesamten Binnenland, auf ihren Münzen eine Amazone zeigen. In Ankara trägt eine ausschreitende Gestalt neben dem Anker, dem Wahrzeichen der Stadt, Doppelaxt und Pelta, und wie ihre Gefährtin von Kibyra ist ihr Kopf mit einer Mauerkrone geschmückt. Das alte Mazaka aber im äußersten Südosten, wo sich die einheimischen Traditionen am zähesten und reinsten hielten, bildet eine weibliche Büste ohne Kopfbedeckung ab; eine Doppelaxt über der Schulter kennzeichnet sie als Amazone.

Diese Amazonenmünzen im Binnenland sind kein Zufall; sie gehen ebenso auf uralte Legenden zurück wie in Smyrna und Ephesos.

7.

AMAZONENKÄMPFE IN DER KUNST

Für die Griechen des klassischen Zeitalters waren die Amazonen ein berühmtes, inzwischen untergegangenes Volk. Während Gedenkredner und Schriftsteller den Sieg über die Amazonen feierten, beschäftigten sich die Bildhauer und Maler mit Vorliebe mit den Amazonenkämpfen. Die großen Künstler, von Kimon und Perikles beauftragt, schmückten das reich und mächtig gewordene Athen mit monumentalen Kunstwerken. Der Kampf zwischen attischen Heroen und den kriegerischen Weibern war für sie von größtem Reiz, weil sich Gegner verschiedenen Geschlechts, verschiedener Nationalität, Kampfesweise, Tracht und Bewaffnung darstellen ließen.

Vor allem *Mikon* malte riesige Wandbilder für das um 450 neuerbaute Theseion und die Stoa Poikile, einer ebenfalls in diesem Jahrhundert erbauten Festhalle.

Kolossalgemälde schuf auch Mikons Kollege *Polygnotos,* der in Athen und Delphi arbeitete. Wahrscheinlich mit Mikon zusammen malte er das monumentale Schlachtbild »Amazonenkampf«.

Alle diese Bilder sind jedoch nur aus Beschreibungen zeitgenössischer Schriftsteller bekannt. *Pausanias,* Periheget genannt, was wörtlich Herumführer, Fremdenführer bedeutet, verfaßte im zweiten nachchristlichen Jahrhundert einen umfangreichen Reiseführer, eine Art antiken Baedeker durch das griechische Festland, die Ionischen Inseln und einen Teil Kleinasiens. Durch ihn wissen wir von bedeutenden, aber längst untergegangenen Bauwerken, Skulpturen und Malereien, zum Beispiel daß Polygnotos unter anderem die »Zerstörung Trojas«, »Die Abfahrt der Griechen«, den »Besuch des Odysseus in der Unterwelt« malte und daß er als erster Farbmischungen aus Weiß, Schwarz, Rot und Ockergelb verwendete.

Mikon stellte einen »Zentaurenkampf«, die »Rückkehr der Argonauten« und die »Amazonenschlacht« dar. In den heute noch erhaltenen einstigen Prachthallen haben sich jedoch keine Reste oder auch nur Grundierungen dieser Wandgemälde befunden. Dagegen fanden sich Bohrlöcher und Aufhängungen, und man nimmt an, daß die Gemälde an den Wänden der Hallen aufgehängt waren.

Pausanias erwähnt zwei große Schlachtbilder in Athen aus dem Theseustempel und der Stoa Poikile. Beide Gebäude entstanden in der Mitte des 5. Jahrhunderts v. Chr. und waren mit Gemälden geschmückt. Der Bilderkreis des einen verherrlichte Theseus: Eine Szene ist seinem Aufenthalt auf Kreta gewidmet und zeigt, wie Theseus seine Abstammung von Poseidon beweist. Eine andere stellt seine Teilnahme an der Zentaurenschlacht dar und noch eine den Kampf gegen die Amazonen; dieses Bild ist der Abschluß der Theseus gewidmeten Trilogie.

In der Pikile, einer langgedehnten Halle am Markt, sah Pausanias vier Gemälde, zunächst den Kampf zwischen Athenern und Lacedaemoniern bei Oinoe, dann an der mittleren Wand die Schlacht der Athener und des Theseus gegen die Amazonen, den Kampf bei Marathon.

Auch auf dem Schild der Athene, einer berühmten Statue des Bildhauers Phidias, sind Amazonen dargestellt. Von diesem berühmten Schild gibt es zahlreiche Nachahmungen und Kopien (Abb. 1), die ganz oder teilweise erhalten geblieben sind. Ein riesiges Marmorrelief am Zeusthron in Olympia zeigt ebenfalls Amazonenkämpfe.

Die Wandgemälde des Mikon und des Polygnotos waren den Vasenmalern Vorbild, die in diesem Jahrhundert dazu übergingen, rote Figuren auf einer schwarzen Grundierung zu malen, statt wie bisher schwarze Figuren auf rotem Tongrund.

In der Mitte des 5. Jahrhunderts nahm das keramische Gewerbe einen gewaltigen Aufschwung, so daß man allmählich von einer regelrechten Industrie sprechen konnte. In dem Zusammenhang entwickelte sich auch die Tonmalerei zu höchster Verfeinerung. Vasen, Ölkrüge, Schalen, Töpfe aller Art wurden je nach Anspruch und Preisklasse geliefert. Es gab eine Gebrauchsware, deren Schmuck von Schablonen abgezogen wurde, bis hin zu künstlerisch hochwertigen, handsignierten Einzelstücken.

Die rotfigurigen Vasenbilder, die nach Mikons Gemälden entstanden sind, zeigen stets ein einziges Motiv: Eine als Reiterin dargestellte Amazone schwingt gegen einen Griechen ihre Lanze oder ihre Axt. Unterschiedliche Auffassungen von Reiterin und Pferd zeigen erst die aus späteren Perioden stammenden Vasen Unteritaliens.

Nach dem Niedergang Griechenlands beeinflußte nicht nur die griechische Sprache und Literatur das aufsteigende römische Weltreich, sondern auch ihre Kunst. Die wenigen Amazonenstatuen sind meist durch römische Kopien überliefert (Abb. 3). Aber auch bei den römischen Künstlern erfreute sich das Amazonenmotiv einer großen Beliebtheit, übrigens auch, ebenfalls von den Griechen inspiriert, bei den Etruskern. Hier wie bei den Römern werden Sarkophage damit verziert. Keine anderen Gestalten werden so häufig auf Sarkophagen dargestellt wie die Amazonen.

Mehrere Gründe gibt es für diese Erscheinung: Einer besteht in der großen Vorliebe der Römer für Penthesilea. Eine Reihe von Terracotta-Platten, Lampen und geschnittenen Steinen zeigt die in Achilles' Armen sterbende Kriegerin. Vor allem findet man die heroisch-sentimentale Liebesszene auf Sarkophagen als Symbol für die Idee des Todes und der Liebe nach dem Tod.

Im Ganzen beobachten wir seit dem 6. Jahrhundert v. Chr. eine zunehmende Verklärung und Bewunderung der Amazonen. In Attika werden ihnen Tempel erbaut, Grabmale verehrt, Opfer gespendet, Feste bestimmt. Der Sieg über sie wird in zahlreichen Reden höher als der über die Perser gepriesen, die Tapferkeit der Amazonen über alles gerühmt. Zu sagen, jemand habe wie eine Amazone gekämpft, war ein Jahrtausend lang die höchste Auszeichnung. Noch 170 n. Chr. rief das Volk Kaiser Commodus bei den öffentlichen Spielen zu:

»Du bist der Herr der Welt, der erste unter den Fürsten, überall ist das Glück deinen Waffen hold. Dein Ruhm kommt dem der Amazonen gleich!«

Der ehemaligen Verachtung ist eine fast magische Verehrung gewichen; der besiegte Gegner wird anerkannt, idealisiert. Denn je höher der frühere Feind bewertet wird, desto größer ist auch der eigene Sieg, die männliche Leistung.

8.

GAB ES ÜBERHAUPT AMAZONEN?

Trotz der Reisebeschreibungen, der Sagen und Kriegsberichte, der Denkmäler und Stadtmünzen, der vielfachen Darstellungen in der bildenden Kunst wird die Existenz der Amazonen häufig bestritten. Es heißt, daß auf dem gleichen Parthenon-Fries, auf dem die Amazonenkämpfe dargestellt sind, auch die Kämpfe der Giganten, der Vorväter der Götter, abgebildet wurden. Auf dem Schild der Athene von Phidias reiten auf der Innenseite auch Zentauren. In Sagen und in der bildenden Kunst werden neben den Amazonen Götter, Halbgötter, Dämonen, Mänaden, geflügelte Nymphen, bocksbeinige Pans, Flügelpferde, die Hydra mit ihren sieben Köpfen, Zentauren und Harpiden von Dichtern ebensooft besungen und von Künstlern auf Vasen und Tonkrüge gemalt – mit der gleichen Freude am Detail, der exakten Darstellung ihres Äußeren.

Auch die unleugbare, von zuverlässigen Zeugen beschriebene Tatsache, daß in Athen der Tag des Sieges über die Amazonen gefeiert wurde, Plätze und Säulen ihre Namen tragen, änderte nichts daran, daß die Amazonen zu Fabelwesen erklärt wurden.

Schließlich gäbe es über jedes tatsächlich stattgefundene Ereignis unserer Geschichte schriftliche Quellen, selbst über die weit zurückliegende Vernichtung des römischen Heeres durch Hermann den Cherusker im Teutoburger Wald.

Über die Kämpfe zwischen den Amazonen und Griechen jedoch – und diese müssen ein paar Generationen vor dem Trojanischen Krieg stattgefunden haben, weil Penthesilea als letzte Amazonenkönigin bezeichnet wird – gibt es keine zeitgenössischen Quellen. Ein Hinderungsgrund könnte sein, daß die Schrift bei den Griechen um diese Zeit, ab 1200 v. Chr., gerade erst eingeführt wird, und die letzte große Einwanderung, die der Dorer, hat noch nicht einmal begonnen.

Auch die Archäologen haben keine unmittelbaren Beweise, keinen einzigen Amazonenschild, sichel- oder mondförmig, in Athen gefunden, keinen Amazonenhelm oder eine der gefürchteten Doppeläxte.

Die sagenhafte Stadt Themiskyra am einst 96armigen Thermodon bestand schon zu Zeiten Strabons, um Christi Geburt, nicht mehr. Sonst hätte er, der aus dem nur wenige Kilometer entfernt liegenden Amasia stammte, von der Existenz einer solchen Nachbarstadt erfahren müssen.

Den Fluß gab es noch. Flußnamen behaupten sich am zähesten in der Überlieferung; können sie doch auch nicht, wie Städte durch Erdbeben oder Kriege, ausgelöscht werden. Das heutige türkische Flüßchen ist klein und fast ausgetrocknet, es heißt aber immer noch Terme-Tschai (Tschai heißt Fluß, wie auch Don nur ein tscherkessischer Name für Fluß ist). Ein Städtchen namens Terme gab es noch am Schwarzen Meer, als der englische Schriftsteller William John Hamilton 1842 dieTürkei bereiste und darüber ein Buch, »Reisen in Kleinasien«, schrieb. Bisher hat niemand in der Nähe des Dorfes Terme nach Überresten des einst so berühmten Temiskyra gesucht, das Herodot noch kannte und das von dem römischen Feldherrn Lukullus belagert wurde, wie Appian und Plutarch berichten.

Nach der griechischen Sage müssen die Amazonen vom Thermodon kurz vor dem Trojanischen Krieg gelebt haben, zwischen 1 300 und 1 200 v. Chr. also. Der Krieg griechischer Seestädte gegen Troja, das strategisch die Dardanellen und damit die gesamte Schwarzmeer-Schiffahrt beherrschte, hat ganz sicher stattgefunden. Immer neue Einzelheiten belegen die lange Belagerung.

Während in Troja die spätmykenische Kultur blühte, herrschte in Ägypten die 20. Dynastie. Aber in den fast pedantischen Annalen der ägyptischen Papyri gibt es kaum Hinweise auf Amazonen

Nur Ramses II. berichtet von einer Herrscherin der Troja unmittelbar benachbarten Mysier, die an der Spitze ihrer mit einer Doppelaxt bewaffneten Reiterinnen kämpfte.

Auf dem Boden Kleinasiens, der heutigen Türkei, hatte sich das hochzivilisierte Reich der Hethiter entwickelt. Die babylonische Kultur erlebt ihre Blütezeit in Bau- und Bildkunst. Den Griechen wird die altsemitische Schrift der Phönizier bekannt. Die erste griechische Buchstabenschrift entsteht. Die Philister begründen eine Städtekultur an der Küste des nach ihnen benannten Palästina.

Hinter den großen Kulturbarrieren der Alpen, der Pyrenäen und des Kaukasus lernen die Indoeuropäer nach der Berührung mit asiatischen Nomadenvölkern den Krieg zu Pferde kennen, so daß allmählich der schwerfällige Streitwagen verdrängt wird.

Nordische blonde Krieger, 2 000 Jahre vor den Wikingern, zerstören die spätmykenische und hethitische Kultur und bedrohen sogar Ägypten, das ihnen als einziger Kulturstaat standhält. Danach verschwinden die »Seevölker« ebenso rätselhaft und schnell, wie sie aufgetaucht waren, ohne eine Spur zu hinterlassen. Gäbe es nicht die ägyptischen Aufzeichnungen, auch sie könnte man für Phantasiegebilde halten.

Und die Amazonen? Möglich ist, daß sie in einem langen Wanderungszug ihre Wohnsitze so weit weg verlegt haben, daß niemand sie mehr wahrnahm: nämlich von den warmen Ufern des Schwarzen Meeres in die unzugänglichen Gebirgstäler des benachbarten Kaukasus und von dort zur Zeit Alexander des Großen bis ans Kaspische Meer.

Die Libyschen Amazonen sollen nach Diodor lange vor den Schwarzmeer-Amazonen gelebt haben und zwar am (westlichen) Ende der Welt, am Atlasgebirge. 1 000 Jahre später tauchen die Amazonen vom Thermodon auf, tief in Kleinasien, am Schwarzen Meer. Und nochmals 1 000 Jahre später sollen fast am anderen Ende der Welt, am Kaspischen Meer, die Amazonen der Königin Thalestris mit Alexander zusammengetroffen sein.

Zwischen diesen zweimal tausend Jahren gibt es nichts, was die Existenz der Amazonen belegt.

Schon in der Antike fingen Reiseschriftsteller und Historiker an, die Realität der Amazonen zu bezweifeln.

Die Erzählungen über die Amazonenkönigin Thalestris sind fast 300 Jahre nach Alexanders Tod entstanden. Selbst wenn man annimmt, daß den damaligen Schriftstellern noch andere Quellen zur Verfügung standen, fällt auf, daß in den Kriegstagebüchern und in den zeitgenössischen Biographien, zum Teil von Lebensgefährten des großen Makedoniers geschrieben, eine Amazonenkönigin namens Thalestris nicht erwähnt wird.

Der Alexander-Biograph Arrianos, der im 2. Jahrhundert n. Chr. lebte, hält die Liebesgeschichte oder besser kurze Episode zwischen Alexander und Thalestris für historischen Klatsch.

»Als Alexander auf der nisäischen Ebene war, soll Atropates, Satrap von Medien, ihm hundert Weiber gegeben haben mit der Bemerkung, es seien Nachkommen der Amazonen; er hatte sie mit Männerrüstungen versehen, nur trugen sie statt der Spieße Äxte und statt der großen Schilde kleine Schilde; auch soll ihre rechte Brust kleiner sein, und sie sollen dieselbe im Gefechte bloß tragen. Alexander habe sie aus dem Lager entfernen lassen, damit die Mazedonier oder Perser gegen diese Weiber keine Exzesse verübten; er habe allerdings ihrer Königin anzeigen lassen, daß er selber zu ihr kommen würde, um Kinder zu erzeugen. Alles dieses aber hat weder Aristobulos noch Ptolemäus noch sonst jemand geschrieben, der darüber sichere Auskunft hätte geben können; auch scheint mir, daß das Geschlecht der Amazonen sich bis zu jener Zeit nicht erhalten habe.«

Arrianos zweifelt nicht daran, daß es die Amazonen gegeben hat, aber er hält sie für ein ausgestorbenes Volk. Die weiblichen Reiter, meint er, seien andere barbarische Weiber gewesen, die im Reiten geübt waren und denen Atropates Amazonenkleidung gegeben hätte.

Warum jedoch soll sich der persische Fürst diese Mühe gemacht haben, 100, nach anderer Lesart 300 Frauen als amazonische Reiterinnen auszugeben?

An der Glaubwürdigkeit aller Berichte über Amazonen zweifelt auch Strabon, der im letzten Jahrhundert v. Chr. lebte. Zwar hatte Strabon über die Frühlingsfeste der Amazonen mit ihren Grenznachbarn in den Bergen berichtet, aber er hatte nur das wiedergegeben, was andere überliefert hatten. Er selbst kommt nach sorgfältiger Erörterung zu dem Schluß, daß die ganze Amazonengeschichte eine Fabel ist.

Er schließt die Existenz eines Frauenstaates für Vergangenheit und Zukunft aus. Dabei widerspricht er eigentlich seiner eigenen These. Denn wie ein Staat, vielleicht auch nur ein Stamm, von Frauen existieren konnte, hatten er selber und viele andere beschrieben.

Er wußte von den gelegentlichen Treffen mit den Männern der Nachbarländer, um für die Nachkommenschaft zu sorgen, oder von männlichen Sklaven oder feminisierten Männern. Die Vorstellung jedoch von einer Frauenherrschaft war für sein Jahrhundert, in dem die römische Republik ihre erste Glanzzeit erlebte, ganz undenkbar geworden. Homer und den Dichtern der »Zyelischen Epen« von Theseus und Herakles schien die Idee eines Frauenstaates nicht so abwegig. Der Gedanke an einen frauenbeherrschten Staat war ihnen offenbar nicht fremd.

Strabons Zweifel an der Existenz der Amazonen vererben sich auf alle folgenden Generationen von Geschichtsschreibern bis auf den heutigen Tag. Man hielt ihn für glaubwürdig, weil sich seine Reiseberichte und Geographiebeschreibungen meist als genau und zuverlässig erwiesen haben. Die Amazonen, früher neben den Skythen, Sarmaten und anderen »barbarischen« Reitervölkern gleichberechtigt genannt, geraten immer mehr in die Nähe der üppig wuchernden Monstrositäten, der Faune, Satyre, der Nymphen, Flügelwesen und Pferdemenschen.

Auch zu Strabons Zeiten übten Frauen erhebliche Macht über Männer aus. Nicht als Amazonen, sondern als Hetären. Ganze Bereiche der Politik und Wirtschaft und des Staatslebens wurden von den Frauen der großen Familien bestimmt, eine Zeitlang das Imperium. Doch an die Stelle des Doppelbeils und des amazonischen Wurfspießes waren List und weibliche Schlauheit getreten. Die Amazonen sind nicht einmal mehr für die Literatur und Malerei interessant.

Wenige Jahrhunderte später tritt das Christentum seinen Siegeszug an. Seine Macht über die alten Weltreiche und die neuen Staaten der Völkerwanderungszeit, über die Seelen und religiösen Gefühle der Menschen verändert auch das Denken und die gesellschaftlichen Gewohnheiten. Die Dämonen und Zauberwesen, die lustigen Faune und Nymphen, die trunkenen erotischen Feste des bocksbeinigen Pan und des Dionysos: die ganze sinnestrunkene Götter- und Dämonenwelt der Antike wird verbannt, verketzert, mit Feuer, Schwert und Folter bekämpft.

Mit diesen vielen Fabelwesen verschwinden auch die Amazonen aus der Vorstellungswelt der Menschen. Die Sinnesfeindlichkeit der Religion und eines alle Bereiche des menschlichen Lebens dominierenden christlichen Weltgefühls macht ihre ehemalige Existenz noch unglaubwürdiger. Die Frau wird als »unrein« von vielen Ämtern der Kirche ausgeschlossen, sie hat zu schweigen, in der Öffentlichkeit und in der Familie. Getrennt vom Mann leben die Frauen mit Mägden und Kindern, miteinander auf die gleiche Stufe gestellt in »Frauenzimmern«, abseits vom lebendigen Geschehen. Dort widmen sie sich vornehmlich der Erziehung der Kinder, mit großer Sorgfalt der der Knaben, um sie zu neuen, selbstbewußten Herren heranwachsen zu sehen. Die ehemals freie und gleichberechtigte, friedliche Lebensweise zwischen Männern und Frauen im Matriarchat, die selbstbewußte Haltung der Amazonen werden vom Christentum in immer weitere Ferne gerückt. Ein solches Zusammenleben konnte nur ein Märchen sein.

9.

DIE AMAZONENSAGE – EINE PROPAGANDA-KAMPAGNE DER ANTIKEN MÄNNER?

Die älteste schriftliche Erwähnung der Amazonen stammt von Homer, ist also mindestens acht Jahrhunderte v. Chr. geschrieben. Nicht viel mehr als ihr Name wird erwähnt – das Wort »amazones« konnte wahrscheinlich als bekannter Begriff vorausgesetzt werden.

Die Fortsetzung der Ilias von den »posthomerischen« Dichtern informiert weit mehr über das Thema als Homer selbst: Sie enthält die ausführliche Beschreibung der Amazonenkönigin Penthesilea. Die Datierung dieses Textes ist jedoch schwierig. Der Urtext ging verloren. Nur durch die Aufzeichnung des Quintus Smyrnäus aus dem 4. Jahrhundert n. Chr. ist der Inhalt überliefert.

Bleiben als älteste Quelle für die Existenz der Amazonen nur die wenigen Sätze von Homer. In den beiden darauffolgenden Jahrhunderten wird es in der Literatur still um die Amazonen.

Um 600 v. Chr. verschlechtert sich sowohl in Athen als auch im übrigen Griechenland, mit Ausnahme von Sparta, die rechtliche Stellung der Frau erheblich. Die griechischen Frauen werden von nun an von allen öffentlichen Ämtern und Hoheitsakten wie Wahlen, Versammlungen, ja sogar Sportveranstaltungen wie den seit 776 v. Chr. stattfindenden Olympischen Spielen, ausgeschlossen. Eine ähnliche Entwicklung findet etwa zur gleichen Zeit in Rom statt, wo die eingewanderten Römer das altitalische und das etruskische, die Frauen begünstigende Recht durch ihr eigenes Familienrecht ersetzen, das sehr stark auf die Allmacht des Familienoberhauptes, des Patriarchen, ausgerichtet ist.

Die griechische Mythologie bietet eine Erklärung an für diesen Umschwung:

Während der Regierung des sagenhaften ersten athenischen Königs Kekrops geschah ein doppeltes Wunder.

»Es brach zu gleicher Zeit aus der Erde der Ölbaum, an einer anderen Stelle Wasser hervor. Der König, erschrocken, sandte nach Delphi und ließ fragen, was das bedeute und was zu tun sei? Der Gott antwortete, der Ölbaum bedeute Athene, das Wasser Poseidon, und es stehe nun bei den Bürgern, nach welchem Zeichen und nach welcher der beiden Gottheiten sie es für passend erachteten, ihre Stadt zu benennen.

Da berief Kekrops eine Versammlung der Bürger, und zwar der Männer und der Frauen, denn es war damals Sitte, auch die Frauen an den öffentlichen Beratungen teilnehmen zu lassen. Da stimmten die Männer für Poseidon, die Frauen für Athene, und da es der Frauen eine mehr war, so siegte Athene. Da ergrimmte Poseidon, und alsobald überflutete das Meer alle Ländereien der Athener. Um des Gottes Zorn zu beschwichtigen, sah sich die Bürgerschaft genötigt, ihren Weibern eine dreifache Strafe aufzuerlegen; sie sollten ihr Stimmrecht verlieren, ihre Kinder sollten nicht länger der Mütter Namen erhalten, sie selbst sollten nicht mehr (nach der Göttin Namen) Athenäerinnen genannt werden.«

Diese vom römischen Staatsbeamten und Gelehrten Varro, der 116 v. Chr. geboren wurde, aufgeschriebene Sage symbolisiert nach Bachofen (1815–1887) das Vaterrecht in der Person Poseidons und das Mutterrecht durch Athene. Ungeachtet solcher Interpretation ist Tatsache, daß die Bürgerinnen von Athen und anderen dorischen Städten einmal das Stimmrecht besessen haben und die Kinder den Namen der Mutter bekamen.

Nicht geklärt ist, wann und mit welcher Begründung die Frauen das Stimmrecht verloren. Im 6. Jahrhundert und in der folgenden klassischen Zeit, also in den Jahrhunderten, in denen die größten griechischen Dichter und Denker, Politiker und Wissenschaftler lebten, besaßen sie es nicht mehr. Bis auf die Frauen von Sparta. Sie behielten ihr Mitspracherecht bis zum Ende.

Etwa in der Mitte des 6. Jahrhunderts werden von den sogenannten zyklischen Dichtern die großen Heldensagen aufgeschrieben, die Geschichte des Theseus, dem Retter von Athen, die Sage vom halbgöttlichen Herakles, die Sage vom Argonautenzug und viele andere.

Auch die so lange in Vergessenheit geratenen Amazonen werden zum Gegenstand verschiedener Sagen. Von wilden Zusammenstößen der griechischen Helden mit dem kriegerischen Volk der Amazonen vom Thermodon wird berichtet und vom Kriegszug der Amazonen nach Athen, von einer vier Monate langen Besetzung der Stadt durch das Frauenheer, ihrem vergeblichen Sturm auf die Akropolis und ihrer schließlichen Vertreibung.

Die Amazonen treten auch in der bildenden Kunst in Erscheinung, zum Beispiel sind sie Teil eines Steinreliefs, dessen Reste am Pergamon-Altar in Berlin (DDR) zu bewundern sind.

Man weiß von riesigen, verlorengegangenen Wandmalereien und Marmorskulpturen mit Amazonendarstellungen, und Tausende von Vasenmalereien, heute in den Museen der ganzen Welt verstreut, bekunden das große Interesse des griechischen Publikums am Amazonenvolk.

Auch in Gedichten, Reden und Lehrstücken dieser Zeit werden die Amazonen besungen und gepriesen. Es ist die klassische Epoche, das Goldene Jahrhundert, in der die Saat einer jahrhundertelangen kulturellen Entwicklung aufgeht und sich Kunst, Literatur und die Geisteswissenschaften zu einer strahlenden Größe und Schönheit entfalten, zu einer in vielem nie wieder erreichten Vollkommenheit, ein Jahrhundert, ohne das unsere gesamte heutige Kultur und Zivilisation nicht denkbar wäre.

Diese Entwicklung war nur auf der Grundlage der wirtschaftlichen Macht und der politischen Bedeutung möglich, die der junge Stadtstaat Athen und die mit ihm verbündeten attischen Städte in wenigen Jahrhunderten erreicht hatten.

Der Wunsch nach Heroisierung und Verklärung der geschichtlichen Vergangenheit und eigenen Größe hatte eine Stilisierung der Stadtgründer und Helden der ersten Stunde wie Kekrops, Theseus und Herakles zu Idealen und Vorbildern der Lebenden zur Folge.

Der unter Theseus' Führung errungene Sieg über die männermordenden Frauen vom Thermodon wurde zu einem nationalen Feiertag erhoben, der den Athenern wichtiger erschien als der Jahrestag des Sieges über die Perser. Diese endlich besiegten gefährlichen Feinde Athens werden von Jahrzehnt zu Jahrzehnt und von Jahrhundert zu Jahrhundert immer kühner, edler und liebreizender dargestellt und keineswegs als abschreckende, furchterregende Mannweiber, als »männische Hord« oder »Männinnen«, wie sie noch von Homer genannt wurden, und schon gar nicht als furienhafte, abstoßende Gestalten, die den Krieg um jeden Preis suchen, wie sie noch im Argonautenzug beschrieben werden.

Nicht nur in Athen, auch in Attika breitet sich im Laufe der Zeit eine regelrechte Amazonenverehrung aus. Viele griechische Städte nennen nach einer Amazone ihre Stadt oder bezeichnen sie als Städtegründerin. Grabmäler werden gezeigt und Gedenkstätten errichtet an den Stätten, wo eine der schönen Kriegerinnen auf dem langen Rückzug des Amazonenheeres ins ferne Skythenland, nach der Niederlage in Athen, gestorben ist. Zu ihren Ehren prägte man in vielen griechischen Orten Münzen, und die Ortssagen vieler attischer Städte berichten von *ihren* Amazonen.

Ihre Niederlage sollte auch ein warnendes Beispiel für alle Zukunft sein, eine Mahnung der griechischen Männer an das »schwache Geschlecht«, es nie den Amazonen gleichzutun, um nicht deren bitteres Ende zu erleiden – eine Warnung an die athenischen Frauen, keinen emanzipatorischen Ausbruchsversuch aus ihrem gesellschaftlichen Ghetto zu wagen.

Für alle Griechen der damaligen Zeit, ob Mann oder Frau, war der Sieg der athenischen Helden über das Amazonenheer ein historisches Ereignis. In der griechischen Geschichte hatte es nie stärkere Frauen gegeben als jene selbstherrlichen vom Schwarzen Meer

Schon lange vor dieser Zeit hatten die griechischen Frauen Mitsprache und Wahlrecht verloren und waren von allen öffentlichen Veranstaltungen ausgeschlossen. Ihr Schicksal ließ ihnen nur die Wahl zwischen einer eingesperrten, rechtlosen Hausfrau oder einer mit den Männern kameradschaftlich-intimen Umgang pflegenden Hetäre.

Aristophanes machte sich gleich in zwei Stücken über die Frauen lustig, die sich anheischig machten, im Rat mitzusprechen (Weiberversammlung) oder über Krieg und Frieden zu entscheiden (Lysistrate). Diese Szenen dienten jedoch ausschließlich der Belustigung der männlichen Griechen; den Frauen blieb der Zutritt zu den prächtigen, neuerbauten, steinernen Amphitheatern verwehrt. Nicht einmal als Schauspielerin hätten sie Einlaß gefunden, denn die weiblichen Rollen wurden von Männern dargestellt.

Der ganze Amazonenkult scheint die männliche Überlegenheit und Kraft verherrlichen zu wollen. Eine Herrschaftsideologie kommt zum Ausdruck, für die das Amazonentum die schlimmste Abweichung von der Norm darstellte.

»So kühn die Frauen auch waren«, sagte Isokrates, *»so wurden sie doch von Männern geschlagen und verloren alles.«*

So erscheint der Amazonenkult als Propagandazug der Athener Männergesellschaft; er richtet sich gegen den Anspruch der Frau nach Gleichberechtigung.

»Den zweiten Part zu spielen ziemet stets der Frau;
Des ganzen Leitung aber kommt dem Manne zu.
Ein Haus, in dem die Frau die erste Stimme hat,
Muß unvermeidlich untergehn, früh oder spat.«

(Meander)

Auch Aristoteles stellt in seiner Staatslehre »Politeia« fest, daß das männliche Geschlecht mehr geeignet zum Herrschen sei als das weibliche. *»Es ist ein Unterschied zwischen den Tugenden des Mannes und jenen der Frau, zwischen der männlichen und der weiblichen Tapferkeit, Mäßigkeit und Gerechtigkeit. Die männli-*

che Tapferkeit ist zum Führen, die weibliche zum Folgen geeignet, und so ist es auch mit den anderen.«

In dem nachhomerischen Penthesilea-Kapitel (»Gesang« nennt man die einzelnen Abschnitte dieser Erzählung nach ihrer ursprünglichen Verbreitungsform, dem mündlichen Vortrag zu den Klängen einer Harfe) gibt es noch eine kleine, aber aufschlußreiche Episode, die bisher von der Literatur kaum beachtet worden ist. Dabei könnte gerade sie eine Schlüsselszene sein. Als Penthesilea mit ihrem Amazonenheer draußen vor den Toren der Stadt Troja die Griechen in Schrecken versetzt, sehen die trojanischen Frauen, wie tapfer und erfolgreich andere Frauen kämpfen. Da verlangen sie, auch in die Schlacht zu ziehen.

»Denn nicht ferne ja stehen wir der Jünglinge starken Geschlechte;
Nein, der Mut, der Männer beseelt, er regt sich in uns auch;
Gleich sind Augen und Knie, und gleich ist alles das andere.
Erdumsäuselnde Luft und das Licht ist allen gemeinsam,
Ähnlich die Nahrung auch: und was denn schufen die Götter
Das mehr zierte den Mann?«

Aber aufgeregt wie ein Bienenschwarm im Frühling summen und schwirren die Frauen umher, um auszuschwärmen, lassen ihre *»Waschkörbe und Spinnstühle«* stehen und drängen in die Schlacht. Der alte weise Theano weist die frühe Aufwallung von Gleichberechtigung in ihre Schranken. Er erklärt den Frauen: die Amazonen seien eine Ausnahme, und ihr Dasein wäre nichts für eine normale Frau. Bei aller *Gleichwertigkeit* der Geschlechter müsse beachtet werden:

»Wohl sind eines Geschlechtes die Sterblichen alle, doch eine
Übt dies, anderes der, und stets ist jenes das Beste,
Was wir im Grunde des Herzens erkannt und betreiben mit Einsicht.
Darum fern euch haltend vom rauschenden Waffengewühle,
Schaffet am Webstuhl emsig daheim in euren Gemächern

Und die kühnen Geschäfte des Kriegs laßt unsere Männer bestellen!«

Die Griechen konnten nicht begreifen, daß es einen Staat gegeben haben soll, in dem nicht die Männer tonangebend waren. Die Gesellschaft, in der die Griechen der klassischen Zeit lebten, war in keiner Weise von Frauenherrschaftsansprüchen oder Emanzipationsbewegungen gefährdet.

Dennoch werden die kriegerischen Frauen nicht nur von den bereits erwähnten Rednern Isokrates und Lidias in ihren Festreden beschrieben und ihre Überwindung als die höchste Leistung der Athener gepriesen, sondern auch von Demosthenes, Himerios und Aristeides. Besonders der letzte der großen Redner, Himerios, sagt sehr deutlich, warum der Sieg über die Amazonen alle anderen Siege überstrahlt:

Die Thraker, die ebenfalls Athen angegriffen hätten, habe man *»aus dem Lande, die Amazonen aus der menschlichen Natur vertrieben«.*

Ähnliches schrieb auch Isokrates in seiner Festrede von den Amazonen:

»Als sie ihre Herrschaft über Europa ausdehnten, voll Haß auf das ganze Geschlecht der Hellenen, insbesondere aber Anschuldigungen gegen uns erhebend in der Meinung, sie würden in dem Kampfe, welchen sie gegen die eine Stadt zu bestehen hätten, zugleich alle bewältigen. Aber es gelang ihnen nicht, vielmehr vernichteten unsere Vorfahren sie so total, als wenn sie gegen alle Menschen gestritten hätten. Die Größe des Verlustes ist deutlich ... Selbst die Sagen von ihnen würden nicht so lange sich erhalten, wenn ihre Taten nicht ausgezeichnet gewesen wären.«

Seit dem 5. Jahrhundert gab es in Rom eine strenge Männerherrschaft. Von Marcus Porcius Cato, genannt der Ältere, der 234 v. Chr. geboren wurde, stammt folgende Bemerkung:

»Erinnert Euch all der Gesetze, mit denen unsere Vorfahren die Freiheit der Frauen gebunden, durch die sie die Weiber der Macht

der Männer gebeugt haben! Denn: sobald sie uns gleichgestellt sind, sind sie uns überlegen.«

Dieser Satz bezieht sich auf die Gründung Roms. Nach einer nachträglich festgelegten Datierung soll Rom genau 753 v. Chr. gegründet worden sein; die heutige Geschichtsschreibung vermutet die Gründung der Stadt am Tiber eher um das Jahr 600 v. Chr. Die Historie der Stadt beginnt übrigens mit einem Frauenraub, dem *Raub der Sabinerinnen.*

Am Tiberufer gründen junge Männer aus dem Albanergebirge eine Siedlung, in der Nähe der alteingesessenen Sabiner, die nach mutterrechtlich bestimmten Regeln leben und wahrscheinlich zu den Ureinwohnern Italiens gehören.

Während eines Festes rauben die Männer aus den Albanerbergen unter Führung von Romulus 30 der schönsten sabinischen Frauen und überreden sie, sie zu heiraten. Es gibt einen langen Krieg, aber schließlich auch einen Friedensschluß. Die neue Stadt Rom hat sich behauptet.

Die Nachbargemeinden wachsen zusammen. Für einige Zeit muß es so etwas sie eine Koexistenz zwischen Mutterrecht und dem neuen Patriarchat gegeben haben. Romulus, heißt es in der Sage, gab der neuen Siedlung ein neues Eherecht, die sogenannte »confarreatio«, bei der ein Opferkuchen geteilt und zusammen gegessen wurde. Nach dieser Hochzeitszeremonie war die Ehe unauflöslich, zumindest für die Frau. Die Frau war – eine Generation nach dem Raub der Sabinerinnen – absolut ihrem Mann unterstellt.

Doch blieben die sabinischen Muttersippen offensichtlich in der ersten Zeit noch erhalten. Jedenfalls ist die Organisationsform des alten Rom die sabinische Sippenordnung nach »Kurien«: 30 solcher Großfamilien, nach Wohngebieten eingeteilt, bilden die erste Volksversammlung. Nach solchen Kurien ist auch das Heer gegliedert.

Der Boden bleibt im Besitz dieser Sippen (Gentes), er heißt »ager

Sabinus« und wird der Stadt zur Verfügung gestellt, wenn Gemeinschaftsbauten wie Tempel, Türme, Befestigungen oder öffentliche Bäder gebaut werden müssen.

Die Frauen behalten anscheinend zunächst auch eine große Macht, die allerdings über ihre Ehegatten ausgeübt werden muß. So macht Tanaquil, eine Fürstentochter aus dem etruskischen Tarquinia, nacheinander drei Männer zu Königen von Rom, angeblich, weil sie in der Kunst der Deutung von Vorzeichen besonders bewandert ist. Im Klartext: Weil sie als Priesterin ein so hohes Ansehen genießt, daß sie praktisch eine Königsmacherin ist.

Irgendwann aber gegen Ende der Königszeit (510 v. Chr.) ändern die Nachkommen der Frauenräuber die Bedingungen. Es entsteht neben den Kurien der Stand der Patrizier. Das sind, wörtlich übersetzt, Leute, die ihren Vater kennen (oder nennen) können (qui patrem ciere possunt). Bis zum Beginn der Republik (510) hatte sich das römische Gemeinwesen zu einem Staat entwickelt, in dem die Rechte der Männer am weitesten ausgebildet waren und die der Frauen am meisten eingeschränkt.

Zu gleicher Zeit vermindert sich das Ansehen und die Rolle der athenischen Ehefrau so sehr, daß die Spartanerinnen nur noch verächtlich die Lippen schürzen, wenn von den Frauen Athens die Rede ist. Daß die griechischen wie die römischen Frauen als gebildete Hetären oder als intrigante Ehefrauen und Priesterinnen Einfluß auf männliche Politik und Wirtschaft behielten, steht auf einem anderen Blatt.

So gehen sagenhafte Überlieferungen und partiarchalische Interessen eine Verquickung ein, die es uns unmöglich macht, zwischen Dichtung und Wahrheit zu unterschciden. Aber mag in dieser Welt der Sagen und Überlieferungen nicht doch ein Extrakt von geschichtlicher Wirklichkeit enthalten sein, der uns Rückschlüsse auf die ferne Vergangenheit erlaubt?

B.

DER PROPHET DES MUTTERRECHTS

1.

EIN RATSHERR AUS BASEL MACHT EINE WICHTIGE ENTDECKUNG

Wenn auch die christlichen Jahrhunderte die Erinnerung an die Amazonen der Antike, an jedes selbständige Handeln von Frauen ausgemerzt zu haben schienen, kamen doch Wissenschaftler und Humanisten des 19. Jahrhunderts wieder auf diese Fragen zurück. Die wiederentdeckte Liebe zu den Idealen des klassischen Griechenlands, das aufkommende Industriezeitalter, die weitere imperiale Ausdehnung der europäischen Mächte und nicht zuletzt der damit verbundene Beginn der modernen Archäologie und der Ethnologie riefen unter den Wissenschaftlern und unter dem interessierten Bürgertum erregte Debatten hervor: Wie hat sich unsere Gesellschaft entwickelt? Wie haben sich die Familien gebildet? Woher kommt das städtische Bürgertum?

In diese von Juristen, Philosophen und Nationalökonomen getragene Debatte »platzt« 1861 ein 800 Seiten langes Buch mit dem Titel »Das Mutterrecht«, geschrieben vom Basler Juristen Johann Jakob Bachofen. Zuerst kaum beachtet, feiert es jedoch später Friedrich Engels, es sei für die Erforschung der Urgeschichte ebenso bedeutend wie Darwins Abstammungslehre für die Biologie und die Mehrwerttheorie von Marx für die politische Ökonomie.

Bachofen wurde 1815 in Basel geboren als Sohn einer reichen, alteingesessenen Patrizierfamilie. Von Kindheit an lebte er in einer hochkultivierten, künstlerischen Umgebung, besaß selbst herrliche Sammlungen von antiken Vasen und Gemälden. Ein von seinem Vater ererbtes Vermögen von 10 Millionen Franken erlaubte es ihm, seine Dozentur über Römisches Recht, die er in Basel im Jahre 1841 innehatte, nach zwei Jahren aufzugeben, um sich vollständig seinen selbständigen Studien über das klassische Altertum zu widmen.

Er reiste durch Italien, Spanien und Griechenland, machte selber Ausgrabungen und brachte von einer dieser Forschungsreisen eine Graburne mit, deren Inschrift ihn auf eine Idee brachte, eine Idee oder vielmehr eine Entdeckung, die nicht nur die Forschungsgeschichte, sondern auch sein eigenes Leben verändern sollte.

Die Inschrift läßt ihn nicht los. Mit einer kleinen Schrift »Über die Gräbersymbolik der Alten« wagt er sich vor auf ein neues Gebiet, über das Bachofen später einmal an einen Freund und Kollegen schreibt: »Ich arbeite ohne irgendeinen Vorgänger!«

Nach vierjähriger Druck- und Setzarbeit erscheint 1861 sein Werk. Die Druckarbeiten ziehen sich endlos hin, weil Bachofen mit immer neuen Ergänzungen in die Druckerei kommt und die Setzer zu immer neuen Einschüben und Korrekturen zwingt. Rund 2 000 000 Einzelbuchstaben, darunter unzählige Worte in griechischen Buchstaben, mußten gesetzt werden.

In dieser Arbeit stand die fundamentale Entdeckung:

In der frühen Menschheitsgeschichte dominierten die Mütter!

Das heißt, es hat eine Epoche gegeben, in der im Gegensatz zu der heute auf der ganzen Welt üblichen männerbeherrschten Gesellschaft die Frauen tonangebend waren – und Verwandtschaft und Erbfolge nach der weiblichen Linie geordnet waren.

Erst viel, viel später, im Laufe jahrtausendelanger Kämpfe, eroberten die Männer die Herrschaft.

Das Mutterrecht – die Wortgebung erinnert an die Ausbildung des Juristen – wird geprägt von der Herkunft der Kinder, meint Bachofen. Nicht die Zeugung ist das Entscheidende, sondern das Herauskommen eines Kindes.

Zuerst hätten die Menschen in primitiven Horden oder Herden gelebt, in denen schrankenloser und auch öffentlicher Verkehr der Geschlechter geherrscht habe, so daß grundsätzlich bei den Kindern einer solchen Horde von einem bestimmten Vater nicht die

Rede sein konnte und die Abstammung nur nach der weiblichen Linie festgestellt werden konnte.

Später hätten sich aus diesem ganz ungeordneten Leben Sippen oder Familien gebildet, die ebenfalls nach der Mutterlinie organisiert waren und in denen die Mütter hohes Ansehen und Verehrung genossen. Der Geschlechtsakt wurde nicht als Ursache der Schwangerschaft erkannt, das Wunder, ein Kind zu gebären, brachte den Frauen eine bevorzugte Stellung in der Gesellschaft ein, die sich auf Wirtschaft, Politik, Religion übertrug. Nie jedoch hat größere Gleichberechtigung geherrscht als zu den Zeiten, da die Mütter solche Achtung genossen. Die Männerherrschaft ist nach Bachofen erst 6000 Jahre alt. Die ganze Zeit davor hatten die Frauen die bestimmende Rolle innerhalb der Gesellschaft.

Der Übergang zur Einzelehe dann verletzte ein uraltes kultisch verbürgtes Recht, das den Frauen wie den Männern die freie Wahl des Partners überließ. Das Recht »Alle gehören allen« wurde in der Übergangszeit erkauft durch eine zeitlich »beschränkte Preisgebung« der Frau, ein Recht, das in alten Hochzeitssitten weiterlebte, wonach alle Verwandten am Hochzeitstag einmal mit der Braut ins Bett gehen durften bis zu dem bekannten Gutsbesitzerrecht des »Ius primae noctis« (das Recht der ersten Nacht), das im 19. Jahrhundert fortlebte und zu Bachofens Zeit gerade erst abgeschafft worden war.

Das umfängliche, schwer lesbare, durch unzählige Anmerkungen ebenso wie durch poetische Ergüsse unübersichtliche Werk wird in seiner Bedeutung nicht erkannt. Die Sensation bleibt unentdeckt. Nach einigen vernichtenden Rezensionen über die Bachofensche Gräbersymbolik gilt er bei Fachkollegen bald als unseriöser Außenseiter. Doch anders als Schliemann, dem Entdecker Trojas, den man als »dreisten Scharlatan und lügnerischen Schwachkopf«, als »irrenhauswütigen Toren« bezeichnete, schützten ihn seine Herkunft, seine Ausbildung, seine Professur vor gemeinen Beleidigungen.

Vielleicht wäre Bachofen sogar heute wenig bekannt und eine kuriose Randfigur der Wissenschaft geblieben, wenn ihn nicht Sir Galahad alias Bertha Eckstein-Diener, eine Wienerin und leidenschaftliche Verehrerin des Forschers, lesbar gemacht hätte und wenn nicht Friedrich Engels in seinem für alle Marxisten zur Pflichtlektüre zählenden Buch »Ursprung der Familie, des Privateigentums und des Staates« von 1884 pathetisch geschrieben hätte: *»Die Geschichte der Familie . . . datiert vom Erscheinen Bachofens ›Mutterrecht‹!«*

Das von Marx geplante, nach dessen Tod von Engels geschriebene Buch versucht, die sensationelle Entdeckung des Basler Appellationsrats in das marxistische System vom Klassenkampf einzubauen. Dabei stützt sich Engels auf eine zweite Veröffentlichung, die Bachofen von einer ganz anderen Seite her bestätigt: Die Ergebnisse der Forschungen des amerikanischen Völkerkundlers Morgan bei den Irokesen im Staate New York. 16 Jahre nach Bachofens »Mutterrecht« ist das Buch des Amerikaners, »Ancient Society« (Urgesellschaft) erschienen.

Morgan bestätigt, was Bachofen aus alten Schriften und Grabstätten erschlossen hat.

Er findet bei den Irokesen und später bei vielen anderen Indianerstämmen ein ausgebildetes, in allen Einzelheiten kodifiziertes Mutterrecht und eine bestimmte Art von Gruppenehe: Geschlechtsverkehr innerhalb einer größeren »Familie«. Er veranlaßt die amerikanische Regierung, auf dem ganzen Kontinent sowie in zahlreichen anderen Landstrichen der Welt Erhebungen anzustellen, zu denen Morgan Fragebogen ausarbeitet, und findet überall, in Asien, in Afrika, ja sogar in Australien, Formen von Gruppenehe in verschiedenen Stadien der Entwicklung vor, die er schließlich als eine allen Völkern gemeinsame Organisationsform des Mutterrechts mit *Gens* bezeichnete.

Diese mutterrechtlichen Gentes sieht Morgan, und Engels folgt ihm hierin, als die ursprüngliche vor-»staatliche« Organisationsform an. Sie sind ihm die Urform, aus der sich später der antike vaterrechtliche Staat der Griechen und Römer entwickelt.

Engels braucht den Forschungen Morgans und Bachofens nur noch eine Kleinigkeit hinzuzufügen: In dem Augenblick, wo die Frau ihre Freizügigkeit verliert und das alleinige Eigentum eines Mannes wird, hört auch das frühere Gemeineigentum an Gütern der Urgesellschaft, des Urkommunismus, auf. Der Sündenfall des Privateigentums beginnt. Hinweise auf Frauenherrschaft oder frauenrechtliche Erbfolge bei Naturvölkern hatte es schon lange vor Bachofen gegeben. Schon 1724 hatte der Begründer der modernen Ethnologie, der französische Jesuitenmissionar J. Fr. Lafitau in einem Buch auf seltsame mutterrechtliche Bräuche bei einem Naturvolk hingewiesen. Auch er kannte schon Irokesen, über die der Jesuitenpater Erstaunliches zu berichten weiß:

Nichts ist realer als die Überlegenheit der Frauen. Auf den Frauen beruht eigentlich die Nation, der Adel des Blutes, der Stammbaum, die Generationsabfolge, die Aufrechterhaltung der Familien. In ihnen ist die wirkliche Autorität gelegen; das Land, die Felder und ihre ganze Ernte gehört ihnen. Sie sind die Seele der Ratsversammlungen, die Schiedsrichter über Krieg und Frieden. Sie haben auch die Aufsicht über den öffentlichen Schatz, ihnen werden Sklaven gegeben. Sie machen die Heiraten, die Kinder sind in ihrer Hand, und in ihrem Blute ist die Erbfolge begründet. Die Männer sind völlig isoliert und auf sich selbst beschränkt, die Kinder sind wie Fremde zu ihnen. Niemand weiß, ob Bachofen diese frühe Schilderung kannte. Er kannte aber Herodot, der im 4. Jahrhundert v. Chr. über die in Kleinasien lebenden Lykier Ähnliches berichtet.

»Die Lykier benannten ihre Kinder nicht wie die Hellenen nach den Vätern, sondern ausschließlich nach den Müttern, hoben in allen genealogischen Angaben nur die mütterliche Ahnenreihe hervor und beurteilen den Stand der Kinder ausschließlich nach dem der Mutter.«

Bachofen wertet dieses Zitat nicht als eine zufällige oder kuriose Abweichung von der Norm, er sieht ein Gesetz: *»Dem hellenisch-römischen Vaterrecht tritt ein in seiner Grundlage wie in seiner Ausbildung völlig entgegengesetztes Familienrecht zur Seite . . .«*, und deshalb muß *» . . . jede Untersuchung über das Mutterrecht von dem lykischen Volke ihren Ausgang nehmen.«*

Das war neu. Bachofen geht im Lauf seiner Untersuchung aber noch einen Schritt weiter: Es hätte nicht nur irgendwann einmal bei diesem oder jenem Volk Frauenherrschaft gegeben, *sondern bei allen Völkern.*

Als Beweis für seine Thesen führt Bachofen Texte aus der griechisch-römischen Geschichtsschreibung an, in denen über Frauenherrschaft in der eigenen Vergangenheit und bei fremden Völkern berichtet wird.

Auch in den Mythen und Sagen der Antike wie in den Dramen und Verserzählungen späterer Zeit spiegeln sich nach Bachofens Meinung Ereignisse aus einer weit zurückliegenden Vergangenheit wider, in der es noch keine schriftliche Überlieferung gab.

So sei die *Orestie* des Aischilos eine dramatische Darstellung des Kampfes zwischen neuem Vaterrecht und altüberliefertem Mutterrecht; des Sieges der neuen patriarchalischen Götter über die alten Dämonen des Frauenrechts: Als Agamemnon aus dem Trojanischen Krieg zurückkehrt, wird er von seiner Frau Klytämnestra, die inzwischen einen Liebhaber, Aigisthos, hat, erschlagen.

Das wird aber von der neuen Gesellschaft nicht mehr hingenommen. Ihr Sohn Orest rächt den Vater und bringt die Mutter um. Schuld auf beiden Seiten, die Sühne verlangt.

Die Erinnyen, dämonische, schreckenerregende Frauengestalten, verfolgen Orest, um den Muttermord zu rächen. Aber der neue Gott der Wissenschaft und der Kunst, Apoll, von dem Orest auch aufgestachelt worden ist, schützt ihn.

In einem langen Streit zwischen Orest und den Furien macht der Muttermörder geltend, daß Klytämnestra doppelt schuldig geworden ist: Sie hat nicht nur ihren Mann, sondern auch seinen Vater getötet. Warum verfolgen die Furien nicht sie? In der Antwort der Rachedämoninnen sieht Bachofen den Schlüssel zum Problem: *»Sie war dem Mann, den sie erschlug, nicht blutsverwandt.«*

Orest dagegen hat, nach Mutterrecht, die schwerste Sünde begangen, den Muttermord. Der athenische Gerichtshof, der Areopag, stimmt über den Fall mit Stimmengleichheit ab. Da wirft Athene, die »Vatergeborene«, ihr Los in die Waagschale. Orest wird freigesprochen.

Das Vaterrecht hat sich durchgesetzt, die »Götter jungen Stammes« haben über die Erinnyen gesiegt.

Bachofens Deutung der alten Mythen als Ausdruck der Kämpfe zwischen dem neuen patriarchalischen System und dem seit uralten Zeiten bestehenden Matriarchat ist heute unbestritten.

Völkerkundler aller Länder haben inzwischen weitere Beweise für frühere mutterrechtliche Gesellschaften gefunden. Zwar fand man in allen Erdteilen auch Stämme mit besonders strengen, brutalen patriarchalischen Gesetzen, die die Rechte der Frau auf die eines Sklaven oder eines Haustieres einschränken, doch gerade das wird als Zeichen für früher bestehende, »eben« erst beseitigte Frauenherrschaft angesehen. Das Umfeld ist weiter und differenzierter geworden, als es Bachofen beschreiben konnte.

2.

DAS HETÄRENTUM DER AMAZONEN

Für Bachofen ist das »Amazonische« eine verzerrende, störende Abart des milden, friedlich-versöhnenden Matriarchats. Das männergleiche, aggressive Kriegertum der Amazonen ist ihm eine Entartung und zutiefst zuwider. Viel schlimmer jedoch ist für den Basler Professor der »Hetärismus«, unter dem ursprünglich religiös motivierte Prostitution verstanden worden ist.

Was er meint, ist jene sexuelle Freizügigkeit, von der die sogenannte »beschränkte Preisgebung« später als Rest verblieben sein soll. Nach seiner Theorie gab es den Hetärismus, die sexuelle Promiskuität, die primitive »Sumpfzeugung« nur in der Urgeschichte, im tierhaften Hordenleben. Bei der Einführung des neuen Vaterprinzips werden die Frauen unter dem Einfluß des rauschhaften Dionysos-Kults zum Entsetzen von Bachofen noch einmal Hetären.

»Es tritt unserer heutigen Denkweise fremdartig entgegen, Zustände und Ereignisse, welche wir dem stillen und verborgenen Kreise des Familienlebens (wie die Sexualität, d. A.) *zuweisen, einen so weitgehenden Einfluß auf das ganze Staatsleben, seine Blüte und seinen Verfall ausüben zu sehen. Die erste große Begegnung der asiatischen und der griechischen Welt wird als ein Kampf des aphroditisch-hetärischen mit dem ehelichen Prinzip dargestellt, die Veranlassung des Trojanischen Krieges auf die Verletzung des Ehebettes zurückgeführt.«*

Deshalb meint Bachofen, daß die ganze Staatsblüte von der Besiegung des Hetärismus abhängig sei. In diesem Kampf führt nun der aus Asien kommende Dionysos-Kult zu neuer Verwirrung und zu einem *»der ganzen Gesittung verderblichen Rückschlag . . .«.*

Obgleich Dionysos ein entschiedener Gegner des Mutterrechts, der Gleichberechtigung der Frau ist – er will treue Ergebenheit des Weiblichen, die Erfüllung der Ehegesetze, die Mutterschaft –, will er doch die überragende Herrlichkeit seiner eigenen männlichen, phallischen Natur um jeden Preis anerkannt wissen. Rauschgifte, das sind Mittel, deren sich Dionysos bedient.

»Die Ähre und das Brot weichen der bacchischen Traube, der üppigen Frucht des zeugungskräftigen Gottes; Milch, Honig und Wasser, die keuschen Opfer der alten Zeit, vor dem begeisternden, den Taumel sinnlicher Lust erregender Weine.«

Seine Sinnlichkeit und die Betonung der geschlechtlichen Liebe sei nach Bachofens Ansicht der weiblichen Anlage verwandt, und deshalb sei Dionysos im vollsten Sinne des Wortes der Gott der Frauen. Sie sind seine treuesten Anhänger, seine eifrigsten Diener geworden. Zu all diesen weiblichen Untugenden und bedrohlichen Maßlosigkeiten kommt noch etwas, für Johann Jakob Bachofen Erschwerendes, sehr Bedenkliches hinzu: die Demokratie.

»Die dionysische Religion ist zu gleicher Zeit die Apotheose des aphroditischen Genusses und die der allgemeinen Brüderlichkeit, daher den dienenden Ständen besonders lieb und von Tyrannen, den Pisistratiden, Ptolomäern, Caesar, im Interesse ihrer auf die demokratische Entwicklung gegründeten Herrschaft besonders begünstigt.«

Die Abneigung Bachofens gegen die kriegerische, sinnlich-ausschweifende und überdies noch demokratische Natur des »Amazonentums« muß noch andere Ursachen haben als nur das Studium alter etruskischer Grabstätten in Italien, auf denen Bachofen auffällig viele Phallussymbole und andere sexuelle Darstellungen fand. Bei seinem zweiten Italienaufenthalt 1848 ist in Rom gerade Revolution, als der 33jährige Privatgelehrte eintrifft. Voller Abscheu schildert er seine Erlebnisse in einem Brief an den Herzog von Savigny, der in gewisser Weise eine Art Lebensbeschreibung darstellt:

»Wäre nicht des Gräßlichen zu viel vorgefallen, man hätte sich mitten in die ausgelassene aber harmlose Lust eines Karnevals versetzt glauben können. Doch nach dem Einzug der Garibaldischen Bande und nach der Ankunft der verschiedenen patriotischen Legionen Italiens wurde alles unheimlicher. Im Kloster San Silvestro war eine derselben untergebracht, Lärm und Unordnung aller Art an die Stelle des andächtigen Requiem aeternam getreten. Ich wohnte dem Haupteingang gerade gegenüber. Das finstere Antlitz entschlossener Banditen setzte das ganze Quartier in Angst und Schrecken. Unter sie gemischt manch glatte bartlose Wange verführter, jetzt schwer büßender Muttersöhnchen. Auch Amazonen *fehlten nicht, die sich und andern in dem unternehmenden Aufzuge zu gefallen schienen. In den Händen dieses Gesindels sah nun der Römer sich selbst, seine Familie, Habe und Haus.«*

Der Brief an Savigny stammt aus dem Jahre 1854. Ein Jahr später beginnt die Arbeit am »Mutterrecht«! Für den konservativen, romantischen Basler Gelehrten hat die Welt der Mütter etwas Hohes und Verehrungswürdiges. Sein Buch widmete er seiner Mutter, Frau Valeria Bachofen, mit folgendem griechischen Zitat:

Unser ganzes Leben werden wir nicht aufhören
deiner Güte und Treue rühmend zu gedenken.

Mit diesem Mutterideal, das er auch auf seine Ehe übertrug, die er erst mit 50 Jahren, nach dem Erscheinen des »Mutterrechts«, einging, mußte Bachofen die sexuelle Freizügigkeit der alten Völker als etwas Dumpfes und Tierisches abstoßen: »Regellose Sumpfzeugung«, »Sumpfkot«, die »tiefste Stufe der Menschheit« nennt er die freie – und offene – Geschlechtermischung.

»Auf der tiefsten Stufe des Daseins zeigt der Mensch neben völlig freier Geschlechtsmischung auch Öffentlichkeit der Begattung. Gleich dem Tiere befriedigt er den Trieb der Natur ohne dauernde Verbindung mit einem bestimmten Weibe und vor aller Augen.«

Für diese »tiefste Stufe« zitiert Bachofen Herodot über die blonden und blauäugigen Geten (die späteren Goten!) und Massageten:

»Jeder ehelicht eine Frau, allen aber ist erlaubt, sie zu gebrauchen. So oft einen Mann nach einem Weibe gelüstet, hängt er seinen Köcher vorn an dem Wagen auf und wohnt ihm bei. Dabei steckt er seinen Stab in die Erde, ein Abbild seiner eigenen Tat.«

Ebenso die Nasamonen:

»Sie haben nach Gebrauch jeder viele Frauen und begatten sich mit ihnen insgemein. Beim Beischlaf beobachten sie das gleiche wie die Massageten; sie stecken nämlich ihren Stab in die Erde.«

Von den afrikanischen Gindanen erzählt Herodot:

»Ihre Weiber tragen Bänder um die Fußknöchel, jede eine große Anzahl. Sie sind aus Fellen gefertigt und haben folgende Bedeutung: Bei jeder Mischung mit einem Manne legt die Frau ein solches Band um. Die nun die meisten hat, wird für die trefflichste gehalten, da sie von den meisten geliebt worden ist.«

Diese Beispiele schildert Bachofen mit sichtlichem Unbehagen und voller Abscheu. Dagegen sieht er in den mutterrechtlichen, von Frauen beherrschten Sippen das reine Prinzip der fürsorglichen Mütterlichkeit wirken, ein Prinzip, das für den fast fünfzigjährigen Basler Junggesellen sicher ein Ideal darstellte.

Doch das uralte Gesetz der erotischen Freizügigkeit wirkte auch in der vaterrechtlichen Gesellschaft als Freiheit der Mädchen vor der Ehe oder als »beschränkte Preisgebung« am Hochzeitstag weiter. Bachofen kann sich diesen schockierenden Vorgang nur als Folge eines religiösen Gebots erklären: Da die alte »Geschlechtermischung« ein kultisches Gesetz gewesen sei, hätte man die Einrichtung der monogamen Ehe durch »beschränkte Preisgebung erkaufen« müssen. So auf den Balearischen Inseln:

»Bei ihren Hochzeiten haben sie einen seltsamen Brauch. Beim Hochzeitsgelage wohnt der älteste von den Freunden und Bekannten zuerst der Braut bei, und so die übrigen der Reihe nach, je nachdem einer jünger ist als der andere, und der Bräutigam ist der letzte, dem diese Ehre zuteil wird.« (Diodor)

Selbst Engels, persönlich ein zur Promiskuität neigender Lebemann, nannte in seiner Schrift über Bachofen diese »beschränkte Preisgebung« ein »Zugeständnis« an frühere kultische Gebote.

Die Vorstellung, daß die Frauen mit der »beschränkten Preisgebung« vielleicht eher einen – *unfreiwilligen* – Abschied von der früher hochgeschätzten sexuellen Freizügigkeit nahmen, war beiden so unterschiedlichen Kindern des 19. Jahrhunderts fremd.

Kriegsdienst, Gleichberechtigung und sexuelle Freiheit sind für Bachofen nicht alte Rechte, die die Amazonen gegen die neue Männerherrschaft verteidigen, sondern »Entartungen«, die zum Sieg des Patriarchats beigetragen haben. Mehr noch, sie haben die Einführung des Patriarchats überhaupt nötig gemacht:

»An der Amazonen Bekämpfung knüpft sich die Einführung des Vaterrechts. Durch die Lichtmächte wird das amazonische Mondprinzip vernichtet, die Frau ihrer natürlichen Bestimmung wiedergegeben, und dem geistigen Vaterrechte für alle Zeiten die Herrschaft über das stoffliche Muttertum erworben. Die größte Übertreibung führt zu dem gänzlichen Sturze.«

Die Existenz von Amazonenstaaten ist für Bachofen keine Frage, *»denn trotz aller Verschönerung, mit der Sage und Kunst um die Wette es ausgeschmückt haben, ist die historische Grundlage der alten Nachrichten, die Strabo mit so nichtigen Gründen anficht, nicht zu bezweifeln. Man hat geleugnet, wo es sich darum handelte, zu verstehen.«*

Zur Untermauerung seiner Behauptung zitiert Bachofen eine Unzahl von Quellen, darunter nicht nur die »großen« Berichte über Amazonenkriege, sondern auch verstreute, kurze Hinweise anderer antiker Schriftsteller, Ortssagen, Städtenamen und künstlerische Darstellungen vor allem auf römischen Sarkophagen. Außerdem hat Bachofen noch eine Quelle entdeckt:

»Zu historischer Gewißheit wird die Existenz amazonischer Weiberstaaten in den mit Indien grenzenden Ländern durch die Nachrichten chinesischer Chronisten erhoben.

In Berichten werden zwei Frauenreiche unterschieden: das okzi-

dentale oder westliche und das orientalische oder östliche. Die Angaben über das eine und das andere tragen einen verschiedenen Charakter. Die über das Westreich sind weniger bestimmt. Sie beruhen nicht auf eigener Wahrnehmung, nicht auf historischer Verbindung, sondern scheinen aus dem Okzident nach China gelangt zu sein. Ihre Wichtigkeit liegt also nur darin, daß sie die allgemeine Verbreitung des Rufes eines Amazonenstaates in den vorderasiatischen Ländern von dem Kaspischen nach dem Schwarzen Meer beurkunden.

Viel größeres Gewicht haben die Erzählungen von dem östlichen Frauenreiche. Sie stützen sich auf einen engen Verkehr Chinas mit den Königinnen desselben und geben eine Reihe historischer Ereignisse, insbesondere Gesandtschaften, Tributentrichtung und die endliche, erst im achten Jahrhundert unserer Zeitrechnung erfolgte Einverleibung in das himmlische Reich. Sie nehmen dadurch den Charakter geschichtlicher Zeugnisse an.«

Solche geschichtlichen Zeugnisse hat man inzwischen noch mehr entdeckt. Nicht nur in Asien, sondern in allen Teilen der Welt werden wir noch den Spuren des großen zehntausendjährigen Aufstandes der Frauen begegnen. Bachofens Buch, obwohl von den Fachkollegen seiner Zeit verspottet, hatte den Anstoß gegeben, hatte die Amazonen aus der Verbannung in das Reich der Märchen wieder in die Realität der Geschichte zurückgeholt. Fortan ist die Wissenschaft vorsichtiger.

Im nächsten »Großen Pauly«, der 1890 erscheint, werden die Amazonen zumindest zur Kenntnis genommen. Die letzte Ausgabe des »Pauly« von 1979* meint lakonisch:

»Überholt ist die Deutung auf ein Heer streitbarer Priesterinnen der Mondgöttin. Heute sieht man in ihnen einen Nachhall historischer Kämpfe mit matriarchalischen Stämmen . . .«

Das ist alles, was man bis heute über die Amazonen ermittelt hat. Das Problem geriet bald nach Bachofen wieder in Vergessen-

* Studienausgabe von 1979 (Kleiner Pauly)

heit. Vielleicht, weil es keinen aktuellen Bezug mehr gab: weibliche Soldaten als Mitkämpfer bei Befreiungskriegen und Revolutionen. Die Amazonen von Rom, die Garibaldi in der italienischen Revolution 1848 nachgefolgt waren, verschwanden bald wieder von der Bildfläche. Auf den Straßen und Plätzen Roms wie anderer, 1848 so bewegter Großstädte kehrte die Ruhe eines bürgerlichen Lebens ein. In einer Zeit des Friedens und eines aufblühenden Wohlstands waren Revolutionäre, gar weibliche, nicht gefragt. Auch Engels oder andere Marxisten interessiert die Frage nach den Amazonen nicht vorrangig. Obgleich sich viele Pariser Dirnen dem Aufstand der Pariser Kommune anschlossen und wie alle anderen von den vereinigten preußischen und französischen Truppen liquidiert wurden, erwähnt Marx sie in seinem Buch über die französische Kommune nicht.

In der aufblühenden Gesellschaft der Gründerzeit nach 1871 nennt man Amazonen forsche, unternehmungslustige Damen der Oberschicht, die ein Jagdrennen oder gar ein »Military« im schmucken Reitdreß mitreiten, natürlich im Damensattel. Der Name für diese sportlichen Damen und ein Fluß, der in endlosen Windungen das Riesenland Brasilien durchquert – das ist das einzige, was von ihnen übriggeblieben ist.

3.

WIE ALT IST DER MENSCH?

Zu Lebzeiten Bachofens war die Ansicht verbreitet, daß nach Angaben der Bibel die Menschheit seit ungefähr 5 800 Jahren bestehe, seit Adam und Eva. Die kritischen Altertumswissenschaftler waren fast alle gläubige Christen und lebten in einer von der Kirche kontrollierten und reglementierten Umwelt, die man sich heute in ihrer umfassenden Durchdringung aller Bildungsbereiche gar nicht mehr vorstellen kann. Auch die Volksschulen unterstanden der sogenannten geistlichen Schulaufsicht, der Kirche.

Dieser Zeitraum von knapp 6 000 Jahren reicht den heutigen Forschern kaum, um darin auch nur die ganz durch Urkunden gesicherte ägyptische Überlieferung unterzubringen. Später entdeckte Kulturen, wie die des ältesten Volkes der Geschichte, der Sumerer, sprengen diesen Rahmen ganz.

Wo es keine schriftliche Überlieferung mehr gibt, sprechen die stummen Zeugen, Grabmäler, Grabbeigaben, Bauwerke, Bilder, Schmuck- und Waffenfunde, für eine sehr viel längere Dauer der Kulturgeschichte der Menschheit.

Bachofen konnte sich nur auf Mythen und Sagen beziehen, in denen die Menschheitsgeschichte in einer Art geheimen Chiffrensprache überliefert worden war. Er sprach vage von uralten Zeiten und vom silbernen Zeitalter der Menschheit, in dem die Mütter bestimmend waren.

Eine Zeitangabe konnte er nicht machen, sie wäre auch zu seiner Epoche reine Spekulation gewesen. Daß es eine lange Strecke gewesen sein mußte, die die Menschheit auf ihrem Weg vom ersten Werkzeug, vom ersten Schmuck, von der ersten Felszeichnung zurückgelegt hatte, bevor es eine geschriebene Geschichte gab, ahnte Bachofen. Doch er mußte sein Wissen, seine Gewißheit, die er aus den uralten Mythen und Sagen bezog und an deren Wahrheitsgehalt er glaubte, gegen die Herrschaft der Kirche und gegen die Vorurteile seiner Fachkollegen behaupten.

Das aber waren zu seiner Zeit in allen Geisteswissenschaften die sogenannten »Positivisten«, nüchterne Wissenschaftler, die gegen die frühere Altertumsschwärmerei der Romantiker eine trockene Skepsis gesetzt hatten, die nur noch anerkannten und für wahr erklärten, was sie mit Händen greifen und in gesicherten Urkunden und Denkmälern nachweisen konnten. Der »Positivismus« hat für die gesamten Geisteswissenschaften auch Unersetzliches geleistet. Er mußte aber versagen und verständnislos, ja ablehnend reagieren, wenn es, wie bei Bachofen, um eine geniale Vision ging, die jeder neuen Wissenschaftsepoche vorangeht.

In der Zeit des »Positivismus« war alles »Mythische« und »Sagenhafte« zutiefst verdächtig und wissenschaftlich geradezu indiskutabel. Wer in jener Zeit ernst genommen werden wollte, vermied jede Berufung auf die Mythologie. Bachofen aber gab dem Mythos seinen heute noch gültigen Stellenwert. Er behauptete:

»Vielgestaltig und wechselnd in seiner äußeren Erscheinung folgt der Mythos doch bestimmten Gesetzen und ist an sicheren, festen Resultaten nicht weniger reich als irgendeine andere Quelle geschichtlicher Erkenntnis. Produkt einer Kulturperiode, in welcher das Völkerleben noch nicht aus der Harmonie der Natur gewichen ist, teilt er mit dieser jene unbewußte Gesetzmäßigkeit, welche den Werken freier Reflexion stets fehlt.«

Es mußte erst Schliemann kommen, der dem »sagenhaften« Homer glaubte und Troja genau dort fand, wo der »Mythos« der Griechen es angesiedelt hatte – obwohl auch er wußte, daß Homer seine Dichtung erst Hunderte von Jahren nach den besungenen Tagen geschrieben hatte und wahrscheinlich niemals selbst in Troja gewesen war.

Trotz dieses Erfolges mußte auch Schliemann viele Rückschläge hinnehmen und konnte lange bei den Wissenschaftlern seines Fachs keine Anerkennung finden. Das änderte sich erst, als er noch eine zweite Stadt endeckte, Mykene, die Heimat Agamemnons, des Anführers der Griechen im Trojanischen Krieg. Zwar wurden die Entdeckungen Schliemanns später von der Archäologie anders bewertet und anderen Ereignissen zugeordnet. So war das von ihm entdeckte Troja zur Zeit des angeblichen Trojanischen Kriegs nicht durch Feuer und Gewalteinwirkung zerstört worden, sondern durch ein Erdbeben. Auch der sagenhafte »Schatz des Priamos«, den Schliemann ausgrub, stammte mit Sicherheit nicht aus der Zeit, in der man den historischen Priamos vermutet hatte.

Aber die Angaben des Sagendichters, vor allem seine geographischen Hinweise, hatten die Ausgrabungserfolge überhaupt erst ermöglicht. Bald darauf grub der Engländer Evans, ebenfalls nach präzisen Hinweisen in der Sage, den noch älteren Palast des Minos auf Kreta aus.

Jetzt ließ sich die Erkenntnis nicht mehr länger unterdrücken, daß Sage und Mythos sehr präzise, nur zum Teil verschlüsselte Angaben über geschichtliche Ereignisse enthielten.

Langsam setzte sich die Erkenntnis durch, daß Sage und Mythos eine wichtige Quelle geschichtlicher Überlieferung sein können und genauso ernst zu nehmen sind wie geschriebene Berichte. Mehr noch: Heute weiß man, daß die antike Geschichtsschreibung vielen subjektiven Einflüssen unterlag, daß manch ein Geschichtsschreiber von seinem Dienstherrn mit Drohungen und Versprechungen zu Schönfärberei und Fälschung angehalten wurde oder in der Hoffnung auf eine bessere Bezahlung die Geschichte etwas »korrigierte«. Da waren die mündlichen Überlieferungen, die das Volk weitergab, oft sogar genauer.

Die vielen Entdeckungen am Ende des 19. Jahrhunderts lenkten die Aufmerksamkeit wieder auf Bachofen, der seine Visionen von den alten Frauenreichen außer auf einige antike Reiseberichte nur auf die sorgfältige Analyse der Mythen und Sagen stützen konnte.

Für Bachofen waren diese Frauenreiche, in denen die Große Mutter oder die Mondgöttin verehrt wurde, in denen die Mütter als Hüterinnen und Gebärerinnen des Lebens die höchste Ehre genossen, keine bloße Hypothese, sondern visionär erfaßte, fest umrissene Realität.

4.

BILDER, DIE 40 000 JAHRE ALT SIND

1868, sieben Jahre nach Erscheinen von Bachofens »Mutterrecht«, entdeckte ein Jäger in der Nähe des nordspanischen Dorfes Altamira durch Zufall eine Höhle. Er berichtete seinem Gutsherrn, Don Marcellino de Sanuola, von seiner Entdeckung, doch bald wurde der Vorfall vergessen.

Zehn Jahre später aber, 1878, besuchte Don Marcellino die Pariser Weltausstellung und sah dort die zum ersten Male ausgestellten Werkzeuge und Knochenreste eiszeitlicher Menschen, die man in Felshöhlen gefunden hatte. Nach Hause zurückgekehrt, machte sich Don Marcellino zu der zehn Jahre zuvor entdeckten Höhle auf und begann im Schutt des Höhlenbodens nach ähnlichen Überresten zu suchen. Tagelang grub er Meter um Meter der ziemlich ausgedehnten Höhle um, ohne jedoch etwas zu finden.

Eines Tages nahm er seine fünfjährige Tochter mit. Während der Vater auf dem Boden herumsuchte, wurde es dem kleinen Mädchen bald langweilig. Mit der Öllampe leuchtete das Kind die Wände der Höhle ab. Mit einem Mal schrie es laut auf:

»Mira Papa, los toros!«

Das war die Geburtsstunde einer neuen Wissenschaft, eingeläutet von einem fünfjährigen Mädchen: die Kunstgeschichte der Eiszeit.

Aber es mußten noch einmal 22 Jahre vergehen, ehe die Höhlenmalereien von Altamira von der Wissenschaft anerkannt wurden.

Auf einem internationalen Kongreß der Prähistoriker, der 1880 in Lissabon stattfand, hatte Don Marcellino über seine sensationelle Entdeckung berichtet und die Fachkollegen zum Besuch der Höhle eingeladen. Doch die Wissenschaftler hielten es nicht einmal für nötig, seinen Bericht auch nur zu diskutieren. Kunst der Eiszeit! Das war unglaublich, unseriös.

Erst 1901 entdeckten Forscher zwei neue Höhlen mit Malereien und Symbolen in den französichen Orten Combarelles und Font Du Gaume. Nun erinnerten sich einige Prähistoriker des Vortrages von Don Marcellino. Sie fuhren nach Altamira, ließen sich die Höhle zeigen und sahen sofort, daß der spanische Amateurforscher sich nicht geirrt hatte. Aber erst auf dem Prähistorikerkongreß von 1906 erkannte man die eiszeitliche Herkunft der Malereien auch offiziell an. Spätere Analysen setzten das Alter der Höhlenmalereien von Altamira auf rund 40 000 Jahre an. Nach der Entdeckung von Altamira mußte im Grunde die Vorgeschichtsschreibung neu begonnen, zumindest mußten ganz andere Zeitvorstellungen über das Alter der Menschheit in die Wissenschaft eingebracht werden.

Die Ereignisse überstürzten sich. Nach dem Neandertaler, dem Cromagnon-Menschen, dem Heidelberg-Menschen wurden immer ältere Überreste von Menschen oder menschenähnlichen Wesen bekannt, und bald überstieg das aus geologischen Analysen erschlossene Alter der Funde das Begriffsvermögen der Menschen. Doch die Entwicklung blieb nicht stehen. Der Java- und der Peking-Mensch wurden entdeckt. Es gab keinen Zweifel mehr, daß die Menschheit wirklich »uralt« war.

Da fanden Arbeiter in einer Braunkohlengrube in Mittelitalien ein menschenähnliches, 140 Zentimeter langes Skelett. Das Alter der Braunkohle und damit des darin eingeschlossenen »Menschen«: 11 Millionen Jahre!

Handelte es sich bei diesen Funden von menschenähnlichen Knochen wirklich schon um Menschen? Man einigte sich darauf, erst dann von Menschen zu sprechen, wenn man neben Knochen auch Spuren von Werkzeugen fand, da allein der systematische Gebrauch von Werkzeugen und ihre Weitergabe an die Nachfahren den Menschen von der Tierwelt unterscheidet.

Der britische Forscher Richard Leahey fand in der Oldoway-Schlucht in Ostafrika menschliche Knochenteile, die er zunächst so alt schätzte wie die bis dahin ältesten Funde in Java und Peking. Doch die geologische Analyse revidierte ihn: Dieser Vorfahre der Menschen hatte vor einer Million und 750000 Jahren gelebt.

Der Privatgelehrte und Sprachforscher Richard Fester begründete mit seinem 1962 erschienen Buch »Die Sprache der Eiszeit« praktisch eine neue Wissenschaft, die Prälinguistik, auch Paleo-Linguistik genannt. Nach seiner These haben sich alle menschlichen Sprachen aus einer Art Ursprache entwickelt, aus einem einzigen Zentrum, von dem aus sie sich dann über die ganze Erde verteilt und sich verändert haben. Fester verglich mehr als 100 Sprachen aller Kontinente miteinander und stellte einen gemeinsamen Wortschatz von 20 Urworten fest.

Er verglich noch mehr Sprachen der Welt, so viel er eben nur erreichen konnte. Besonders interessant war seine Entdeckung, daß die europäischen Sprachen mit den Sprachen der indianischen Ureinwohner Amerikas verwandt sind. Es mußte also einen Zusammenhang zwischen Amerika und Europa, zwischen allen Kontinenten gegeben haben.

1974 aber machte Fester eine neue Entdeckung. In seinem Buch »Protokolle der Steinzeit« wies er durch Vergleich der alten Sprachstämme nach, daß alle vorzeitlichen Horden, Stämme oder Sippen von Frauen bestimmt wurden.

Bachofens intuitive Ahnungen und romantische Visionen waren von der Sprachforschung des 20. Jahrhunderts bestätigt worden, nicht nur für die Lyker und Karer, die zur Zeit Herodots lebten, sondern auch für die letzten 500000 Jahre der Erdgeschichte. Den knapp 6000 Jahren männlicher Gesellschaftsordnung standen mindestens 500000 Jahre gegenüber, in denen die Frauen die größere Bedeutung hatten.

Die Thesen Richard Festers wurden überraschend von einer ganz anderen Seite her bestätigt und ergänzt, und zwar von der Prähistorikerin und Höhlenforscherin Marie E. P. König, die schon 1954 ein Buch über »Das Weltbild des Eiszeitmenschen« veröffentlicht hatte. In diesem Buch sowie im Verlauf ihrer weiteren Forschungen entwickelte Marie König die These, daß in der Urzeit der Menschheit die Frauen eine bestimmende Stellung einnahmen. Zu diesem Schluß kam sie durch die Analyse der Höhlenmalereien. Die Tierzeichnungen der Eiszeit hatte man zunächst als Jagdmagie deuten wollen. In der Höhle von Lascaux machte sie die Entdeckung, daß diese Deutung unhaltbar war.

Jagdmagie ist zwar nichts Ungewöhnliches, denn Naturvölker üben sie noch heute aus, wenn das Wild rar ist oder wenn man einen möglichst schnellen Erfolg dringend braucht. Dann soll ein Beschwörungszauber helfen. In sekundenschnellen Strichen wird das Beutetier in den Sand oder in die Erde geritzt oder auch schon einmal in Weiß oder Farbe auf eine Felsoberfläche gezeichnet. Unmittelbar darauf bricht man zur Jagd auf.

Die Darstellungen der eiszeitlichen Höhlen erforderten dagegen Wochen und Monate geduldiger Arbeit an oft schwer zugänglichen Wänden und sogar Decken bei nur spärlicher Beleuchtung. Auch das Finden, Anreiben und Herrichten der Farben aus gelben wie roten Ockern, Ruß und Tierfett war zeitraubend und erforderte große Sorgfalt. Das gleiche galt für tiefe Einkerbungen in die harten Felswände.

Das alles konnte kaum einer Beschleunigung des Jagderfolges dienen. Im Gegenteil. Wenn *das* der Zweck gewesen wäre, dann wären die Künstler lange vor jedem denkbaren Erfolg verhungert.

Langsam gewann die Vermutung an Bedeutung, daß diese Höhlen als Kultstätten gedient hatten. Dabei waren nicht einmal die großen Bilder so wichtig wie die kleinen Symbole und Zeichnungen von einfachen geometrischen Figuren.

Marie König entdeckte viele weitere Höhlen, vor allem in der Ile de France, jener Landschaft um Fontainebleau, unmittelbar südlich von Paris.

In den zahlreichen, im Vergleich zum südlichen Frankreich kleineren Höhlen wimmelte es von eingeritzten Symbolen, mühsam eingeschliffenen Linien, Mulden, Punkten und Kreuzen.

Es wäre absurd gewesen, sie, der herrschenden Lehrmeinung folgend, als Jagdmagie zu deuten.

5.

DER MONDKULT – EINE RELIGION DER WIEDERGEBURT

Der urzeitliche Mensch sah den Tod (wie auch heute noch alle großen Religionen) nicht als etwas Endgültiges an, sondern als ein zeitweiliges Absterben, dem die Wiedergeburt folgte. Wie die Natur im Frühling aus anscheinender Starre wieder zu neuem Leben erweckt wird, so wird auch der Mensch aus dem Schoß der Frau wieder zu neuem Leben erwachen wie die Pflanzen aus dem Schoß der Erde.

Die Forschung hat nachgewiesen, daß vor 100 000 Jahren Totenbestattungen ganz im Sinne dieses Glaubens an die Wiedergeburt stattfanden. Es war Marie König, die behauptete, daß im Mittelpunkt dieses Toten- und Wiedergeburtskults die *Frau* gestanden habe, weil sie als alleinige Schöpferin und Hervorbringerin menschlichen Lebens angesehen wurde. Der Glaube an die ewige Wiederkehr des Lebens und der Zeit schuf sich ein Symbol: den Mond.

Die auffällige Stellung des Mondes am Nachthimmel hat seit ältester Zeit die Aufmerksamkeit der Menschen angezogen und ihre Phantasie zu magischem Denken, zum Nachdenken über sich selbst und den Ablauf und den Sinn des Daseins angeregt. Die Zeit des Neumonds mußte den Urmenschen unheimlich und bedrohlich vorkommen; es schien, als wäre der Mond verschwunden, er war »tot«. Aber sooft er »tot« schien, so oft erwachte er alle 28 Tage wieder zu neuem Leben, er wurde »wiedergeboren«.

So wurde den abergläubischen Urzeitmenschen der Mond zum Symbol der ewigen Wiedergeburt, weil er ihnen die Gewißheit des Wiederentstehens gab. In ihrem magischen, an Zauberwirkung und geheimnisvolle Ursachen glaubenden Denken konnte der Gedanke an eine Mondgöttin entstehen, die zugleich die Göttin des Lebens, der Wiedergeburt war. In den Hörnern der von ihnen gejagten Tiere, vor allem der Bisons, konnte der eiszeitliche Maler die Form der beiden Mondsicheln wiedererkennen.

Wenn er die Stiere darstellte, mußten aber die Hörner entgegengesetzt zu ihrer Anordnung und von vorne »gesehen« werden. So erklärte sich ein merkwürdiger »Fehler«, der sich auf allen eiszeitlichen Stierbildern findet, wies Marie König nach.

Obgleich die realistischen Höhlenbilder eine bis in jede Einzelheit gehende Kenntnis des Tierkörpers verrieten, war zunächst unerklärlich, warum immer der gleiche »Fehler« gemacht worden war. Kopf und Tierkörper der großen Tierporträts waren im Profil, von der Seite gesehen und räumlich richtig dargestellt, die sichelförmigen Hörner jedoch von »vorne«, in der Draufsicht.

Heute gilt als sicher, daß diese Art der Darstellung die beiden gegenläufigen Mondsicheln symbolisieren sollten. Die Vermischung realistischer und abstrakter Stilmittel erklärt, daß das Stierbild in den Höhlen nicht das Jagdglück beschwören will, sondern als Zeichen für die Mondgöttin, für die Gewißheit der Wiedergeburt, interpretiert werden muß.

In der Kulthöhle steckte nach Marie König *»nicht die Jagdbeute, sondern kreisten die Gestirne«.* Die sie verkörpernden Tierbilder waren deshalb auch nicht auf den Erdboden heruntergezogen, sondern schwebten an den Decken der Höhlen, gleichsam in der Luft.

6.

DIE GROSSE MUTTER – EINE GÖTTIN DER FRUCHTBARKEIT

Die ersten Darstellungen von menschlichen Körpern zeigen Frauen – Frauen mit übertriebenen primären und sekundären Geschlechtsattributen: Vulva, ungewöhnlich breite Hüft- und Beckenpartie, aufgeblähter Bauch wie bei einer Schwangeren, große Brüste. Arme, Beine und Kopf, der immer gesichtslos ist, treten in den Hintergrund. Diese Reduktion auf die die Frau bestimmenden Geschlechtsmerkmale macht deutlich, daß hier nicht Porträts einzelner Menschen geschaffen werden sollten. Die kultische Idee bestimmt die Darstellung der Frauen – Fruchtbarkeitskult.

Die eiszeitlichen Frauenstatuen sind allesamt Darstellungen der ersten Gottheit, des Idols der Urmenschen, und diese Gottheit ist weiblich. Es ist eine Göttin der Fruchtbarkeit und der Wiedergeburt, aus der später die »Große Mutter« entsteht, die alle alten Kulturen kennen.

Die wohl bekannteste Statuette der Eiszeit, die sogenannte »Venus von Willendorf«, wurde nahe bei dem österreichischen Ort Willendorf unter mächtigen Lößablagerungen gefunden.

Die Figur ist elf Zentimeter hoch und mit roter Farbe überzogen. Ausgeprägt weibliche Rundungen, ein gesichtsloser Kopf mit kunstvoller oder geschmückter Haarfrisur, der ohne Hals direkt auf der Brust sitzt, riesige Brüste auf einem wie bei Schwangeren vorgewölbten Bauch, dessen Mittelpunkt der ausgearbeitete Nabel bildet, eine deutlich herausgearbeitete Schamspalte und ein mächtiges Gesäß mit geschwungenen Hüften, das in kräftige Ober- und Unterschenkel übergeht, kennzeichnen die Plastik.

Dies ist sicher keine realistische Darstellung der eiszeitlichen Frau, wie man zunächst angenommen hat. Wohl auch kein steingewordener erotischer Wunschtraum eines Eiszeit-Künstlers, dessen Geschmack sich besonders fette und rundsteißige Geliebte wünschte, wie der etwas spöttisch klingende Titel »Venus« von Willendorf andeutet. Wir kennen eine ganze Reihe solcher eiszeitlicher Frauenfiguren, deren Beine sich oft unten zu einem zylindrischen Stumpf verjüngen – so als hätte man die Figur wie eine Amphore in irgendeinen Halter oder Ständer hineinsetzen wollen, vielleicht auch nur einfach in das Erdreich einer Kultstätte. Einige Figuren sind aus Kalkstein oder Mergel, andere schon aus Elfenbein (vom Mammut), was auf eine Vervollkommnung der handwerklichen Fähigkeiten schließen läßt. Man nimmt an, daß diese Künstler bereits arbeitsteilig für die Herstellung solcher Figuren freigestellt waren, so daß wir in dem Beruf des Künstlers bzw. Zauberers oder Kultpriesters die erste sehr frühe Arbeitsteilung sehen können.

Ähnliche Figuren fanden sich über einen sehr breiten Raum verstreut – von Frankreich bis an den Don.

Spuren dieses eiszeitlichen Stils erhielten sich an besonders isolierten Orten bis in die historische Zeit. So auf der Insel Malta, die, ebenso wie Zypern, ein Zentrum oder sogar ein Wallfahrtsort der Fruchtbarkeitsgöttin gewesen zu sein scheint. Riesige, tonnenschwere Kalksteinblöcke von besonderer Härte zeugen bis in unsere Zeit von ausgedehnten Tempelanlagen, an die 30 solcher Tempel entdeckte man allein auf dem relativ kleinen Gebiet der Insel Malta.

In diesen Tempeln fand man viele weibliche Statuetten, die zeigen, wie sich im Verlauf von über Zehntausenden von Jahren die Formen der Altsteinzeit zu einem eigenen »Malteser Stil« um 3 000 v. Chr. entwickelt haben.

Die größte Figur steht im Tarxientempel auf Malta und war ungefähr 2,50 Meter groß. Diese Größe ließ sich aus den erhaltenen Füßen und dem darüberliegenden Oberschenkel mit einem Fransenrock rekonstruieren. In dem Raum daneben ist aus einer drei

Meter langen Steinplatte ein Stierrelief herausgemeißelt worden. Die Hörner sind auch hier »mondförmig« nach innen gewendet wie bei den ältesten Höhlenzeichnungen.

Im Tempel von Hal Saflieni wurden unterirdische Gemächer von gleich großen Dimensionen aus dem Felsen herausgehauen, die man über eine große Treppe erreichte. Der Zugang wurde um die Jahrhundertwende bei Bauarbeiten gefunden. Die Steinblöcke, die man über der Erde aufeinandergetürmt hatte, waren hier aus dem Fels herausmodelliert. In dem unterirdischen Tempelraum wurde die Statuette einer Frau mit dem Fransenrock gefunden. Im Gegensatz zu dem überlebensgroßen Torso aus dem Tarxientempel ist diese »Schlummernde« aber nur eine zwölf Zentimeter große Terrakotta-Figur, auf einer Liege hingestreckt. Auch neben ihr steht eine große Steinplatte mit einem Stierrelief.

Kein Zweifel: Die kultische Verehrung der Frau als das Symbol für Fruchtbarkeit und Wiedergeburt, aber auch als erotisches Idol, hatte sich von der Eiszeit bis zum Beginn der geschriebenen Geschichte in seinen typischen Formen erhalten: Die übertrieben korpulente, oft rotgefärbte Frauengestalt, bei der nur Brüste, Nabel und Schamdreieck betont werden und die Beine sich nach unten verjüngen, finden wir als sogenannte »Idole« in allen Frühkulturen des Mittelmeerraumes: kleine Statuetten, Abbilder der Großen Mutter, die vielleicht im Haus oder auf dem Feld aufgestellt waren.

7.

IM ZEICHEN VON MOND UND STIER

Als mit den ersten großen Bauernkulturen feste Ortschaften entstanden, besaß man nicht nur eine 50 000 oder gar 100 000 Jahre alte Waffentechnik und Sprache, sondern auch eine auf die Verehrung des Weiblichen abgestellte Religion. Das zeigen zahllose Frauenstatuetten, die in der Türkei gefunden wurden und die teilweise aus dem 7. Jahrtausend v. Chr. stammen. Auch hier: gedrungene, nackte Frauengestalten, deren vorgewölbter Leib in der Mitte einen ausgearbeiteten Nabel zeigt. Daneben wurden zahlreiche Stierdarstellungen gefunden, zum Beispiel in der ersten stadtartigen Siedlung Çatal Hüyük in Anatolien aus einer Zeit um 6700 v. Chr. Um die gleiche Zeit entsteht im heutigen Ostirak die (noch vorkeramische) Siedlung Qalat Jarmo, die bereits Häuser mit Steinsockeln, Ackerbau, Haustiere, Steingefäße vielerlei Art hatte. Und: weibliche Statuetten mit stilisiertem Schoßdreieck, die in dieser Siedlung massenweise angefertigt worden waren.

Um ca. 4000 v. Chr. entsteht in Ägypten aus bäuerlichen Siedlungen eine erste Hochkultur, die weibliche Elfenbeinidole hinterläßt, deren Schoßdreiecke durch eingestanzte Löcher und Schraffierungen besonders betont sind. Immer stand, auf dem langen Weg der Menschheit vom Faustkeil zum ersten Kulturstaat, die Frau im Mittelpunkt der religiösen Verehrung. Weiblich sind die Göttinnen und mit Mond und Stier, mit Fruchtbarkeit und Geburt auf geheimnisvolle Weise verbunden. Inanna oder Ischtar heißt die Große Mutter bei den Sumerern, Kybele in Kleinasien, Astarte bei den Ägyptern, Doris bei den Spartanern, den nach ihr genannten »Dorern«, Epone bei den Kelten, Nerthus bei den Germanen, Mamaquilla bei den Vorfahren der Inkas.

Doch so viele Spuren weiblicher Götter, weiblicher Freiheit und Vormachtstellung wir auch entdecken, stets sind es nur noch *Überreste* eines früheren Zustandes. Auch in den ältesten Kulturen von Ur und Babylon haben die Männer bereits unwiderruflich die Macht ergriffen.

Trotzdem zeigen die uns bekannten gesellschaftlichen und rechtlichen Normen der frühen Großreiche ein völlig anderes Bild der Frau, als es uns bisher aus der Antike übermittelt wurde.

Am stärksten ausgeprägt finden wir die Reste ehemaliger Frauenreiche bei dem ältesten Kulturvolk, den Sumerern mit ihrer Mondgöttin Inanna-Ischtar. Dort, wo einst ihre blühenden Siedlungen standen, umgeben von einer üppigen Kulturlandschaft, dehnt sich heute die Wüste Nordarabiens, nachdem ihr vorbildliches Bewässerungssystem, das vier Jahrtausende überdauerte, im 13. Jahrhundert n. Chr. von den Mongolen des Dschingis Khan zerstört wurde. Im Schutt der verwehten Stadt Ur aber fand der englische Archäologe Woolley Tausende und aber Tausende von Keilschrifttäfelchen, darunter die Preislieder auf die Göttin Ischtar und das Gilgameschepos, die erste geschriebene Fassung der Sintflutsage. Aber auch zahlreiche Zeugnisse des Alltags aus einer hochzivilisierten Zeit, Quittungen, Lieferscheine und Rechnungen, Großakten, Scheidungsurteile, Handels- und andere Verträge wurden entdeckt. Diese Keilschrift-Akten geben darüber Auskunft, daß in dieser Gesellschaft die Geschlechter fast gleichberechtigt waren. Bei Ehebruch wie bei Scheidung behandelt das Gesetz den Partner völlig gleich, im Gegensatz zu allen typischen patriarchalischen Staaten, in denen das Gesetz Ausdruck des neuen männlichen (Besitzer-)Verhältnisses zur Frau ist.

Heiratete eine freie Frau einen Sklaven, so ging der Status der Mutter auf ihre Kinder über, nahm ein freier Mann eine Sklavin zur Frau, so wurden sie und ihre Kinder gleichermaßen frei. Verlobungsgeschenke des Mannes verblieben der Frau (noch bis in unsere Tage vom BGB umstritten). Die Frau konnte das, was Deutschlands Frauen erst seit 1918 dürfen: Verträge schließen und selbständig Prozesse führen, notfalls auch gegen ihren Mann. Andererseits herrschte eine Art Gütertrennung; sie war vor seinen Gläubigern geschützt wie er vor ihren. Im Ehevertrag wurden alle in Frage kommenden Ereignisse vorsorglich geregelt, auch eine mögliche Scheidung. Mädchen und Jungen besuchten gemeinsam die Schule, erlernten gemeinsam Grammatik, Geometrie und Mathematik (bis zum Ziehen von Quadratwurzeln).

Aber nicht nur nüchternes Alltagsleben vor 5 000 Jahren enthüllten die Funde, sondern auch tiefste Irrationalität, grausame Menschenverachtung und fanatische Religiosität.

Als Woolley das kostbare Grabmal einer Königin oder Mondpriesterin öffnete, fand er nicht nur kostbare Grabbeigaben, darunter die älteste erhaltene Harfe der Kulturgeschichte. Er machte auch einen grauenerregenden Fund: Um die Königin herum lagen die Skelette von Hunderten von Männern, die ganz offensichtlich lebend eingemauert worden waren. Waren das religiöse Fanatiker, wie einige Forscher meinen, die an der Seite der geliebten Königin-Priesterin in voller Gewißheit ihrer Wiedergeburt in den Tod gingen? Oder waren es Menschenopfer, wie wir sie in vielen alten Kulturen finden?

Die aus der Vorzeit überlieferten erotischen Freiheiten der Frauen veranlaßten die antiken Reiseschriftsteller des patriarchalischen Griechenlands zu entsetzten Randbemerkungen. Herodot berichtet von der »schändlichen Sitte« der Tempelprostitution auf Zypern und in Babylon. Jede Babylonierin *»muß sich einmal in ihrem Leben dorthin begeben und als Opfer an die Göttin sich einem Fremden preisgeben. Die Reichen fahren in verhängten Wagen mit Gefolge nach dem Heiligtum; die Gewöhnlichen aber setzen sich mit einer aus Schnüren geflochtenen Binde ums Haupt in den Tempel. Es sind viele zu gleicher Zeit da, die einen kommen, die anderen gehen. Die Fremden schlendern über die geradlinigen Wege nach allen Richtungen, an denen sich die harrenden Frauen niedergelas-*

sen haben, um ihre Wahl zu treffen. Wenn eine Frau einmal ihren Platz eingenommen hat, darf sie nicht mehr heimkehren, ehe ihr einer der Männer mit den Worten: ›Ich rufe Dich zum Dienst der Göttin Mylitta‹ ein Geldstück in den Schoß geworfen hat. Die Münze darf nicht zurückgewiesen werden; im Augenblick des Wurfes wird sie heilig, und auch ihr Spender darf nicht abgelehnt werden. Wenn die Frau sich dann außerhalb des Heiligtums mit dem Fremden vereinigt hat, ist sie ihrer Pflicht gegen die Göttin ledig und kann nach Hause gehen. Wenn man ihr danach auch noch soviel bietet, ist sie doch nicht mehr zu gewinnen. Die Schönen und Wohlgewachsenen sind sehr rasch befreit; die Häßlichen aber müssen oft lange, manchmal sogar drei bis vier Jahre, im Tempel weilen, ehe sie das Gesetz erfüllt haben.«

Von den zu Herodots Zeiten auf dem Gebiet der heutigen Westtürkei lebenden Lykern hatte Bachofen von eindeutiger Bevorrechtung der Frau berichtet: Das drückt sich darin aus, daß die Kinder der Mutter folgen und nicht dem Vater, das Vermögen erben nicht die Söhne, sondern die Töchter, in der Familie bestimmt die Mutter, und dieses Recht gelte auch folgerichtig im Staat.

Der Waffendienst allerdings und die ganze militärische Ausbildung bleibt den Männern überlassen. Besondere Heldentaten werden ihnen sogar nachgesagt. Diese Verbindung von Frauenherrschaft einerseits und Kriegsdienst der Männer andererseits ist erstaunlich; sie zeugt aber auch von friedlicher Lebensweise, von Gleichberechtigung der Geschlechter. Selbst von einer spielerisch-sportlichen Betätigung der Frauen kann nicht die Rede sein. Es gab andere Dinge, die die Frauen vorzogen.

Strabon berichtet, daß die Frauen ihre Geliebten nicht nur selbst wählten, sie hielten sie regelrecht aus. Die Frauen kümmerten sich um die öffentlichen Angelegenheiten, heirateten mehrmals, so, wie es ihnen gefiel, während die Männer sich um Haushalt und Kinder kümmerten. Niemand fühlte sich zurückgesetzt, benachteiligt oder auf der anderen Seite bevorzugt. Es ging allen gut; der wirtschaftliche Wohlstand der Lyker äußerte sich darin, daß die kostbarsten Stoffe, der schönste Schmuck, die elegantesten Stökkelschuhe, Parfums und Salben den kleinasiatischen Markt beherrschten.

Von Herodot ist überliefert, er habe ein so gewaltiges Grabdenkmal angetroffen, daß es jeden Vergleich mit den Pyramiden und babylonischen Prachtbauten aushalte. Diese Bauten waren von lydischen Frauen geplant und auch von ihnen ausgeführt worden. Erst die Eroberung des Landes durch die Perser beendete die weiblich bestimmte Erbfolge des lydischen Reiches.

Ein ähnliches Frauenreich muß das viel ältere minoische Kreta gewesen sein. Großer Wohlstand, ein jahrhundertelanger Frieden mit den Nachbarvölkern, rege Handelsbeziehungen zu Ägypten hatten ein gesellschaftliches Klima hervorgebracht, in dem die Frauen den Männern nicht nur überlegen waren, die Männer waren in vieler Hinsicht verweiblicht. Jedenfalls wetteiferten sie mit den Damen in der Kunst, sich modisch anzuziehen, sich zu schmücken und zu salben. Allgemeiner Reichtum fand seinen Ausdruck in raffiniertem Luxus, der auch den der 1 000 Jahre später lebenden Lydierinnen übertraf. Auch hier gab es Stöckelschuhe, Haar- und Zahnpflege, raffinierte Kleidung. Die Künste waren das Hauptinteresse; sie zu vervollkommnen, auszuüben höchstes Ziel. Herrliche Bauten, großartige Wandmalereien traten aus dem Schutt zutage, darunter Symbole einer uralten Frauenherrschaft. Die bekannte Figur der Oben-ohne-Göttin mit Schlangen in beiden Händen demonstriert einmal mehr die Rolle der Frau bei dem Glauben an die Wiedergeburt. Auch die Schlange ist ein Symbol dafür, weil sie in jedem Jahr einmal fast zu sterben scheint, sich dann aber häutet und verjüngt zu neuem Leben erwacht – wie der Mond. Auch der Stier fehlt nicht. Eine spätminoische Tonfigur aus dem Palast von Phaistos (heute im Museum von Heraklion) zeigt ihn geschmückt mit Mondsicheln, die auf den Flanken angebracht sind.

Der Kriegsdienst spielte offenbar in dieser Zeit eine geringe Rolle. Auch Männer übten ihn nicht aus. Bestenfalls wurde Sport getrieben; Kreta wird zur Heimat der Stierkämpfe, worin wiederum wahrscheinlich kultische Handlungen zu vermuten sind.

Die Wandgemälde von Knossos zeigen den Hergang, bei dem der Stier als der Mondgöttin heiliges Tier nicht getötet werden durfte. Junge Männer packten den heranstürmenden Stier bei den Hörnern und ließen sich von seiner kraftvollen Reflexbewegung weit nach oben und über ihn hinwegschleudern. Erst einige Jahrtausende später, als die Bedeutung des Stiersymbols vergessen war, entartete der Stierkampf zu dem heute in Spanien gefeierten Schlachtfest. In einer kleinen spanischen Stadt jedoch, in Pamplona, überdauerte die Sportart von Kreta die vier Jahrtausende. Einmal im Jahr versuchen alle beherzten jungen Männer der Stadt sich in dieser nicht ungefährlichen Kunst.

Eine Serie von Naturkatastrophen vernichtete die kretisch-minoische Kultur.

Die meisten späteren Länder mit Frauenherrschaft hielten dem Ansturm neuer aus dem Osten und Norden vorstoßender Völker nicht stand. Auch jene, die ihr Militärwesen durchaus nicht vernachlässigten, wie die Ägypter und Hethiter, verloren an Bedeutung und gingen auf in anderen Reichen. Aber auch die neuen, indogermanischen Völker waren nicht vaterrechtlich organisiert.

8.

DIE ENTTHRONUNG DER GROSSEN MUTTER

Während der mittleren Steinzeit, 5 000 Jahre vor unserer Zeit, kündigt sich eine neue Epoche an und in deren Folge die Entthronung der Großen Mutter.

Die Schöpfungsmythen in aller Welt erzählen von einem Übergang, von Kämpfen und Grausamkeiten. Am Anfang war das Chaos, so erzählt die griechische Göttersage, aus dem Chaos wurde Gaia geboren, ohne männliche Zeugung entstand die Urmutter. Auch sie gebar ohne einen Zeugungsakt Uranos. Mit ihm zeugte sie dann zwölf Kinder, die Titanen, männliche und weibliche Gottheiten zu gleichen Teilen, darunter auch Kronos und Rheia, die Eltern des väterlichen Gottes Zeus und seiner Familie.

Aber bevor Zeus endgültig auf dem Olymp eine fast häuslich anmutende Familienordnung etabliert, müssen furchtbare Kämpfe ausgetragen werden, die die barbarische Grausamkeit urzeitlichen Lebens widerspiegeln.

Uranos haßt seine Kinder und will sie in den Schoß Gaias zurückdrängen. Darüber empört, stiftet sie ihren jüngsten Sohn Kronos an, seinen Vater mit der Sichel zu entmannen. Aus seinem Blut entstehen die Erinnyen, die Giganten und Nymphen. Aus seinem Samen aber, der ins Meer fließt, wird eine neue Göttin, Aphrodite, die Göttin der Liebe, geboren. Am Ufer von Zypern, bei der Stadt Paphos, steigt sie an Land.

»An kam mit der Nacht der gewaltige Uranos, sehnend
Schlang er sich voller Liebe um Gaia und dehnte sich endlos
Weit. Da streckte der Sohn aus seinem Verstecke die linke
Hand und griff mit der rechten die ungeheuerlich große,
Schneidende, zahnige Sichel und mähte dem eigenen Vater

Eilends ab die Scham und warf im Fluge sie wieder hinter sich . . .
Aber sobald er die Scham mit der stählernen Sichel geschnitten
Und sie vom Lande geworfen hinab in das brandende Weltmeer,
Trieb sie lange dahin durch die flutenden Wellen; da hob sich
Weißlicher Schaum aus unsterblichem Fleisch, es wuchs eine Jungfrau
In ihm empor, sie nahte der heiligen Insel Kythere
Erst, doch gelangte sie dann zum ringumflossenen Kypros.
Auf stieg dort die Göttin, die hehre, herrliche; Blüten
Sproßten unter den Schritten der Füße, und Götter und Menschen
Nennen sie nun Aphrodite, weil sie aus Aphros, dem Schaume, Aufwuchs . . .
Kyprosgeborene auch, weil entsprossen der Brandung von Kypros . . .«

(Hesiod, Theogonie)

Paphos, der Ort dieses weiblichen Schöpfungswunders, die Geburtsstätte des neuen Liebeskults, dessen Voraussetzung ein grausamer Vatermord ist, wird von den antiken Schriftstellern mehrfach als Amazonenstadt genannt. Aber auch Kronos, der Vatermörder im Auftrag der Muttergöttin, wird seines Lebens nicht froh. Auch ihm ist bestimmt, von seinem Sohn besiegt zu werden. Vergebens verschlang er seine Kinder gleich bei der Geburt. Ausgerechnet Zeus wird von seiner Mutter Rheia auf der Insel Kreta versteckt und nimmt den Kampf gegen den Vatermörder auf, selber wiederum zum Vatermord von einer Muttergöttin angestiftet. Nach zehnjährigem »Titanenkampf« siegt Zeus und schleudert die Vertreter der alten Ordnung in den Tartaros, die tiefste Unterwelt. Von nun an herrscht auf dem Olymp Ordnung, und es ist eine männerbeherrschte (patriarchalische) Ordnung.

Wenn je Mythen eine präzise, wenn auch verschlüsselte Darstellung der Menschheitsgeschichte waren, dann wird hier die Geschichte eines Wandels erzählt.

9.

DIE GESCHICHTE EINES MACHTWECHSELS

Ähnlich grausame Kämpfe zwischen Göttern und Titanen schildern die Mythen aller Völker auf dem Erdball, sogar in dem am weitesten von Griechenland entfernt liegenden Neuseeland. Der Maori-Mythos zeigt auffällige Ähnlichkeiten mit der von Hesiod geschilderten Welt: Auch dort ist es die Urmutter Rangi, die ihren ersten Gatten selber erzeugt.

Da es weder ethnographische noch kulturelle Verbindungen zwischen den Griechen, die Hesiod beschrieb, und den Maoris auf Neuseeland gab, muß man annehmen, daß beide Mythen unabhängig voneinander entstanden sind, ebenso wie die Schöpfungssagen der Indianer und der Völker Afrikas und Asiens. Oder der Mythos ist wirklich *uralt* und erst nach seiner Entstehung von Asien aus über die damals noch bestehende Landbrücke nach Amerika und sogar nach Australien und Neuseeland verbreitet worden.

Eine Zeitlang wurden alle diese Mythen als Kämpfe von Urgewalten – Erde, Himmel, Wasser und Feuer, Sommer und Winter – gedeutet. Doch diese Erklärung überzeugt nicht, weil einige »Urgewalten« gesiegt haben und andere für ewig in die Unterwelt und damit ins Vergessen, in die Vergangenheit, verbannt worden wären.

Viel eher leuchtet ein, daß sich in den Götterdämmerungs-Mythen die Ablösung der alten, frauenbeherrschten Jäger- und Sammlergesellschaft durch die neue Ackerbau- und Viehzüchtergesellschaft widerspiegeln, die die Herrschaft des Mannes in der Sippe begünstigt.

Man entdeckte, daß erbeutete Tiere als Haustiere nützlicher sein konnten. Gegenüber dem sofort getöteten Wild stellte das

Haustier eine Fleischreserve dar, die nicht verdarb, die, erst bei Bedarf geschlachtet, auch noch Milch gab und vor allem vermehrt werden konnte. Wenn Vogeleier nicht nur gesammelt, sondern selbst ausgebrütet wurden, bekam man Küken, die sich instinktiv dem ersten Wesen zuwenden, das sie füttert, also sehr schnell »zahm« werden.

Schon für diese erste Viehzüchtergesellschaft war wenigstens vorübergehend ein fester Wohnsitz notwendig. Die vielleicht nur als Winterquartier oder Notunterschlupf dienende Höhle wurde zum ständigen oder doch regelmäßig besuchten Aufenthaltsort.

Aus den vielleicht bei religiösen Opfern auf die Erde geschütteten oder vergrabenen Körnern entstehen neue Pflanzen, die man systematisch in der Nähe des Wohnsitzes anbauen konnte und nicht mehr mühsam sammeln mußte. Den Beginn dieser ersten Ackerbaukultur vermutet man heute um 12 000 Jahre vor unserer Zeitrechnung. Für viele Sippen hört das Wanderleben endgültig auf. Feste Wohnsitze und Territorien, Äcker und Weiden für das Vieh werden notwendig – das Land muß auch gesichert werden.

Zu diesem Zeitpunkt bekommt der Mann, der bisher mehr am Rand der Sippe gelebt hat, eine Bedeutung, die im Verlauf der Entwicklung immer größer wird.

Schon die erste Stufe der Viehzucht schafft plötzlich Vorräte, Besitz an Viehherden und Weidegründen, der geschützt werden mußte. Die seit 12 000 v. Chr. entstehende zweite Stufe, der Ackerbau und die daraus folgende Seßhaftigkeit, machte die früheren Jäger zu lebenswichtigen Kriegern der Sippe und damit zu gleichberechtigten Partnern der Frauen, am Ende zu ihren Herren.

Die gleichberechtigte, partnerschaftliche Beziehung zwischen den Geschlechtern nahm in der Ackerbaugesellschaft ab. Die vergleichsweise milde Herrschaft der Frauen wurde durch die strenge und drakonische Herrschaft der Männer abgelöst.

Eine Erklärung dafür kommt von der amerikanischen Soziologin, Historikerin, Schriftstellerin und Feministin Mary Jane Sherfey. Sie sieht die Ursache für die Ablösung des Matriarchats durch die Männergesellschaft in dem ungezügelten Geschlechtstrieb der Steinzeitfrauen, hervorgerufen durch eine »zufällige Laune der Natur«. Diese der besseren Fortpflanzung der Menschen dienende Eigenschaft setzte aber dann andere Lebensbedingungen voraus:

Nach dem biblischen Mythos von Adam und Eva hört das paradiesische, »sündige« Horden- und Sammlerleben im Ackerbaustaat auf: *»Im Schweiße deines Angesichtes sollst du dein Brot essen!«* heißt nichts anderes, als daß bei den vom Ackerbau abhängigen Gesellschaften die sprunghafte Vermehrung der Nachkommenschaft zum erstenmal eine organisierte Arbeit notwendig gemacht hat.

Diese Arbeit wird von dem Mann organisiert, der sich durch seine neue Stellung immer mehr Rechte aneignet und bis in die Gesetzgebung hinein durch ein neues, die Söhne begünstigendes Erbrecht die Herrschaft über »Haus, Hof, Weib, Knecht, Vieh« übernimmt und über »alles, was sein ist«.

Dieses Gebot entwickelte sich fast überall auf der Welt gleichzeitig, nicht überall so radikal und streng wie bei den Juden.

Aus der veränderten Rolle der Frau und dem neuen Herrschaftsanspruch des Mannes entwickelten sich andere religiöse Vorstellungen.

Die Muttergöttin wurde durch einen Götterpatriarchen ersetzt, Gaia durch Zeus abgelöst, die germanische Hauptgöttin Nerthus durch Wotan. Zwar haben die neuen Götterherren auch Ehefrauen, strenge Ehefrauen wie Hera und Frigga. Zwar bestehen neben den »regierenden« Göttern auch Fruchtbarkeits- und Frühlingsgottheiten und launische Liebesgöttinnen. Aber die Macht der Großen Mutter ist ein für allemal gebrochen.

10.

DER AUFSTAND DER AMAZONEN

Geht man davon aus, daß die Frauen einmal Macht besessen haben und im Laufe einer langen Entwicklung schließlich von den Männern abgelöst worden sind, stellt sich wie selbstverständlich die Frage: Warum ließen sie sich kampflos entmachten? Ließen sich alle Frauen kampflos unter das Joch der Männerherrschaft zwingen?

Die Macht der Frauen war keineswegs eine körperlich überlegene. Es ist anzunehmen, daß sie in der Urzeit der Menschheit den Männern weitgehend die Jagd und damit die Waffen überließen.

Die Macht der Frauen war also keine physisch gewaltsame und durch Unterdrückung aufrechterhaltene »Herr«schaft, sondern eine auf magischer Verehrung und freiwilliger Unterwerfung der Männer beruhende Macht. Als Priesterinnen und Wahrsagerinnen, als »Wissende«, als drogenkundige Heilkünstlerinnen verstärkten sie ihre Faszination auf den Mann. Weibliche Priester scheinen zunächst allgemein die Regel gewesen zu sein. In der Übergangszeit gibt es daher häufig männliche Priester in Frauenkleidung, so bei den Germanen und Griechen, den Hethitern und den Inkas.

Das Matriarchat war ein religiös motiviertes und durch geheiligte Traditionen ausgeübtes Gewohnheitsrecht, kein Recht auf den »Spitzen der Bajonette«. Es konnte abgeschafft werden, als Ackerbau und Viehzucht, feste Siedlungen, Städtebau, Sklavenwirtschaft und Metallverarbeitung eine hundertausendjährige Gesellschaft veränderten.

Als die Männer dazu übergingen, Gewalt in jeder Form auszuüben, als sie Eigentum nicht mehr nur verteidigten, sondern auch fremdes raubten, als sie anfingen, ihre eigenen Frauen ähnlich zu behandeln wie Sklavinnen, als sie diesen Zustand auch noch durch strenge Regeln absicherten, wie sie sich in den mosaischen, griechischen und römischen Ehegesetzen niedergeschlagen haben – da begann der Aufstand der Frauen. Diese Rebellion, die wir den Aufstand der Amazonen nennen wollen, mußte in erster Linie danach trachten, die alten, verlorenen Rechte wiederzugewinnen, vor allem das Recht der Frauen, frei über ihren Körper zu verfügen und das Recht, Waffen zu tragen und sie auch zu gebrauchen.

Es war der Versuch, das Rad der Geschichte noch einmal zurückzudrehen, mit Gewalt die alte Frauenherrschaft unter dem Symbol des Halbmondes wiederzuerrichten.

Amazonenaufstand – das heißt Waffengewalt, Grausamkeit, Mord, Bruch mit den Männern. Da werden ungeheure Energien freigesetzt, da sollen die Barbareien und Kriegsgreuel der Männer wenn möglich noch überboten werden, wie bei Myrina, bei Penthesilea, bei Tomyris und bei Valaska.

Das heißt aber auch einschneidende Trennung und Ausbruch aus der bisherigen Gesellschaft.

Wie wird der amazonische Versuch, die alte Freiheit wieder zu erlangen, die Männerherrschaft wieder abzuschütteln, ausgelöst? Was muß alles geschehen, um diesen gewalttätigen Ausbruch aus der bisherigen Gesellschaft zu wagen?

Wie verläuft der Amazonenaufstand, der Versuch einer Staatsgründung, und warum mußte auch in der Folgezeit jede dieser Revolten im Grunde genommen scheitern?

Der Anlaß des Frauenaufstands ist fast immer der gleiche.

Justin berichtet von dem Barbarenvolk der Skythen und meint damit ganz verschiedene Nomadenstämme, schwarzhaarige Tartarenvölker ebenso wie rein indogermanische Stämme wie die alten Kimmerier oder die Geten (Goten?) und Massageten, die an der Schwarzmeerküste zwischen Dnjestr und Don sitzen und blond und blauäugig sind, weiter zur Donau hin die Sarmaten, deren Grenzen zu den Germanen fließend waren.

Bei all diesen Reitervölkern sitzen die Frauen mit im Rat, reiten wie die Männer in den Krieg und üben sich in Waffenspielen. Von der »unerhörten Freizügigkeit« ihrer Frauen hatten Herodot und Strabon mehrfach berichtet.

Während der langen Kriegszüge ließen die Frauen ihren Männern, als sie 15 Jahre von zu Hause weg waren, durch Boten erklären, daß sie sich von ihren Nachbarn schwängern lassen würden, wenn sie nicht bald zurückkämen. Noch drohten die Frauen nicht mit einem Aufstand oder gar einem separaten Staat, sie drohten mit Ehebruch als Rache für lange Vernachlässigung und motivierten das obendrein mit der Sorge um die Nachkommenschaft.

In der Zwischenzeit waren zwei Jünglinge von königlicher Abstammung, Ylinus und Scolopitos, aus ihrer skythischen Heimat verbannt worden. Mit ihren zahlreichen Anhängern ließen sie sich an der Küste von Kappadokien bei dem Fluß Thermodon nieder und nahmen Besitz von der Umgebung Themiskyras. Mehrere Jahre führten sie von hier aus Raubzüge gegen ihre Nachbarn, bis diese sich endlich gegen sie verbündeten und sie töteten.

Als ihre Frauen sahen, daß zu ihrer Verbannung auch noch das Witwentum gekommen ist, griffen sie zu den Waffen und verteidigten ihr Gebiet. Den Gedanken, die Grenznachbarn zu heiraten, gaben sie schnell auf. Sie nannten dies Knechtschaft und nicht Ehe.

»Ein Beispiel einzig in seiner Art in der Geschichte aller Jahrhunderte: Nachdem sie gewagt hatten, einen Staat ohne Männer zu vermehren, behaupten sie ihn jetzt sogar mit Verachtung der Männer. Und damit nicht einige von ihnen glücklicher als die anderen schienen, töteten sie die Männer, welche zu Hause zurückgeblieben waren. Auch nahmen sie Rache für ihre erschlagenen Männer durch Vernichtung ihrer Grenznachbarn. Hierauf, als sie den Frieden errungen hatten, ließen sie sich, damit ihr Geschlecht nicht aussterbe, in geschlechtlichen Umgang mit ihren Nachbarn ein.«

Der Bruch mit der bisher bekannten Ordnung ist vollzogen. Die Frauen wollen auch in Zukunft unter sich sein. Männer sind überflüssig, bis auf das Kinderkriegen, aber dazu muß man nun nicht mehr heiraten und sich ein Leben lang den Männern unterordnen.

Die Frauen haben nur noch sexuelle Kontakte mit den Männern, um Kinder zu bekommen. Nur die Mädchen sollen die Nachkommen von jetzt ab sein. Deshalb wird der barbarische Entschluß gefaßt, die männlichen Säuglinge zu töten. Es werden aber nicht nur Babies getötet, was als eine Art Geburtenregelung in der ganzen Vorgeschichte legitim gewesen zu sein scheint – an anderer Stelle zeigt sich die äußerste Radikalität des Amazonenaufstandes im kollektiven Männermord.

Nirgendwo ist der amazonische Aufruhr so eruptiv und so gewalttätig erfolgt wie bei den Frauen der Insel Lemnos – zumindest in der Sage.

Das erste Abenteuer, das die Argonauten auf ihrer großen Fahrt erleben, widerfährt ihnen auf der männerlosen Insel. Schon am zweiten Tag ihrer Reise treibt sie ein Sturm in den Hafen der Insel Lemnos. Den Inselbewohnerinnen kamen die Männer gerade recht. Eine lange Zeit war inzwischen vergangen nach dem Mord ihrer Männer, und sie hatten große Sorge, wie denn ihr Staatswesen weiterbestehen solle ohne Nachkommen.

Nach Bachofen fanden *»die lemnischen Frauen am amazonischen Leben und an kriegerischer Tüchtigkeit mehr Gefallen als an der Erfüllung weiblicher Bestimmung. Aphrodites Gebot, welches dem Weibe Ehe und Kinderzeugung als höchstes Ziel seines Lebens zuweist, findet keine Erfüllung. Kriegerische Tüchtigkeit gilt höher als Mütterlichkeit. Dieser Gestaltung des weiblichen Lebens folgt notwendig Entfremdung und Abneigung der Männer: Aphrodite rächt die Versäumung ihres Kultes an den Frauen durch Entziehung des weiblichen Liebreizes. Die Dysosmie, welche sie den Lemnierinnen sendet (man sagt, sie habe ihnen die Achselhöhlung verdorben), bezeichnet eben die im Amazonentum und dessen männlicher Übung untergehende Schönheit echter Weiblichkeit. Durch die Dysosmie ihren Frauen abwendig gemacht, legen sich die Lem-*

nier Thrakerinnen bei. Es sind gefangene Mädchen, die sie von ihren Streifzügen auf dem benachbarten Festlande als Beute mit nach Hause bringen.«

Die Lemnierinnen wurden aber erst nach dem Rachemord zu Amazonen – das auch unter Umständen notgedrungen, denn die Insel war abgeschnitten vom Festland, und Fremde verirrten sich nicht hierher.

Es gab zwei Hauptorte auf der Insel Lemnos. Einer war Myrina.

Myrina hieß die berühmteste Amazonenfürstin. Sie war Königin der libyschen Amazonen, die Jahrtausende vor dem Trojanischen Krieg und damit noch vor dem Beginn der eigentlichen Geschichtsschreibung gelebt haben mußten. Man wüßte nichts mehr von ihnen, gäbe es nicht den Bericht von Diodor, der bereits zitiert wurde.

Doch die Sagen über die kämpferischen Amazonen sind nur die eine Komponente, aus der wir Rückschlüsse über die frühere bedeutsame Stellung der Frauen ziehen können. Viele gesellschaftliche und religiöse Normen der Antike zeigen eine gleichberechtigte gesellschaftliche Bedeutung der Frauen in der Antike, wie sie als Rest ehemaliger Frauenherrschaft verblieben war und sich in den späteren Jahrhunderten nicht wieder entwickeln sollte.

11.

PAPHOS – DAS GEHEIMNIS DER LIEBESGÖTTIN

»I Petra tou Romiou« heißt die Bucht, von der die Zyprioten schon seit 4 000 Jahren glauben, daß hier einst die Liebesgöttin Aphrodite nach der schauerlichen Entmannung von Kronos aus dem Schaum des Meeres gestiegen sei.

Zwölf Kilometer entfernt auf einer Anhöhe liegen die wenigen Trümmer ihres ehemals riesigen Heiligtums, Reste von Zyklopenmauern, ähnlich denen von Malta, von denen schon in antiker Zeit kein Mensch zu sagen wußte, wie sie je von Menschenhand bewegt werden konnten.

Seit Menschengedanken fanden hier die Feste zu Ehren der alten Muttergöttin statt, die nach tagelangen Prozessionen und Tänzen zu Ehren der Erdmutter in Liebesorgien endeten.

Aber das Bildnis der Göttin ist nicht eines der bekannten Muttersymbole, deren frühe Formen bereits in der Steinzeit entstanden sind, sondern seltsamerweise aller Realität entkleidet – es bestand nur aus einem riesigen weißen Kegel aus Marmor, von dem uns kleine Abbildungen auf Münzen und Gedenkzeichen erhalten geblieben sind.

Hesiod, um 700 v. Chr. geboren, der die Geschichte von Aphrodites Geburt erzählt, und Homer, der über sie in der »Odyssee« schreibt, haben kaum mehr die Große Mutter im Sinn, wie sie sich in allen zypriotischen Funden zeigt, sondern eher jene liebliche Aphrodite, wie sie der Marmortorso aus dem Aphrodite-Isis-Heiligtum der alten Kupferstadt Soli zeigt, die im ersten vorchristlichen Jahrhundert entstand. Die verführerische, mädchenhafte Göttin, die ab 1300 v. Chr. die alte Ischtar-Astarte abgelöst hat, stammt dennoch von der alten Fruchtbarkeitsgöttin ab.

Aphrodite jedoch hat den kriegerischen Charakter der sumerischen und babylonischen Göttin verloren. Nie erscheint sie als Schlachtenlenkerin wie die assyrische Ischtar, die auf einem Kriegswagen mit siebenfachem Löwengespann thront und den Bogen spannt. Es fehlt ihr die gewaltige Dimension der Inanna-Ischtar, die nachts als Abendstern den Liebenden leuchtet und morgens mit den Heeren in die Schlacht zieht, die Leben erweckt und zugleich Zwietracht, Mord und Krieg entfacht, die in ihrem Zorn der Menschheit mit Vernichtung droht. Ischtars Gunst bringt Verderben; sie tötet und verrät ihre Geliebten; Aphrodites Liebe erhöht die Männer zu Königen und Göttern; doch ihre Rachsucht, ihre Verführungskünste, Liebesabenteuer und Launen stiften manches Unheil im Olymp und auf Erden, doch versöhnt sie alle durch ihre kokette Lieblichkeit und ihre Unwiderstehlichkeit.

In Paphos hat keine männliche Gottheit die Große Mutter entthront, die seit Jahrtausenden die Herrin, die »Anassa«, von Zypern war. Der griechische Geist und der Sinn für Schönheit hat ihre Gestalt noch einmal verwandelt und verklärt. Der heilige Stein aber, in dem sie seit langer Zeit für die Kyprier gegenwärtig war, blieb stets der gleiche. In der Antike wurde er zum mystischen Bild der Aphrodite, in dem alle Kraft der ewigen Lebensschöpferin verdichtet schien.

In den vielfältigen Sagen über den Beginn des Aphrodite-Kultes auf Zypern mischen sich Erinnerungen an prähistorische Gottheiten und Kulte mit Dichtungen und Überlieferungen aus der religiösen Welt der Antike. Die wenigen Nachrichten über die Riten und Mysterien im altpaphischen Sanktuarium, die geringen archäologischen Ergebnisse machen den vielbesungenen Tempel immer noch zu einem faszinierenden und geheimnisreichen Problem für die Altertumsforschung.

Die erste monumentale Ausgestaltung des Heiligtums erfolgte vielleicht im Stil der phönizischen Sakralbauten. Die riesenhaften Kalksteinblöcke mögen ein Rest dieser Architektur sein. Herodot erwähnt, daß der Tempel der »Himmlischen Aphrodite«, d. h. der

Astarte, von Askalon in Palästina das älteste ihrer Heiligtümer und nach der Aussage der Kyprier auch das Vorbild des paphischen gewesen sei. Die unermeßlichen Schätze, die sich in mehr als 1 000 Jahren im Sanktuarium angesammelt hatten, trugen vermutlich viel zu der enormen Beute von 7000 Talenten, etwa 1 700 000 Goldpfunden bei, die Cato 56 v. Chr. aus Zypern mitnahm, um Roms leere Kassen zu füllen.

Wann die große Fruchtbarkeitsgöttin, die das religiöse Leben Zyperns beherrscht hatte, zu Aphrodite wurde, bleibt ungewiß. Zu Lebzeiten Homers war dieser Prozeß ohne Zweifel seit langem abgeschlossen und Paphos als altehrwürdiger Hauptsitz der Kypris weithin bekannt. Mit dem Aufblühen der alten Amazonengründung Paphos und der anderen zypriotischen Küstenstädte um 1 300 v. Chr., die auf dem Handelsweg zwischen den Phöniziern und den Ägyptern lagen, wurde Paphos zu einem im ganzen Mittelmeer berühmten Wallfahrtsort der Aphrodite-Pilger, zumal die Schönheit der zypriotischen Mädchen, die ähnlich der von Herodot beschriebenen Babylonierinnen Tempelprostitution betrieben, berühmt war. Anfang April, wenn Zypern zu einem blühenden, duftenden Garten wird, wurden die Aphrodisien gefeiert. Die Inselbewohner und die kosmopolitische Schar der Pilger sammelte sich dann in Neu-Paphos zu einer endlosen Prozession festlich gekleideter und gesalbter Männer und Frauen, die, mit Rosen und Myrten bekränzt, beim Klang der Flöten und Zimbeln singend, betend und tanzend den 15 Kilometer langen Weg zum Tempel von Alt-Paphos zurücklegten. Ihre Wallfahrt führte über die »ieroi poi«, die heiligen Gärten und Haine der Aphrodite voller Myrten-, Oleander-, Lorbeer- und Granatapfelbäume und Rosen, in denen Schwärme weißer Tauben gehalten wurden. Nur der Name des ärmlichen Dorfes Ieroskypos erinnert heute noch an dieses Paradies, an dessen Eingang die Pilger junge Bäumchen als Weihegaben aufstellten. Die Berichte über die Festlichkeiten, das Ritual und die nächtlichen Mysterien zu Ehren der Aphrodite sind spärlich und zudem widerspruchsvoll. Ohne Zweifel waren sie zum Teil erotischer Art. Sakrale Prostitution, die Opferung der Jungfrauenschaft und die Initiation der Jünglinge durch Priesterinnen, eine besondere Zeremonie für verheiratete Frauen, und »merkwürdige Improvisationen« der Hierodulen, der Tempeldienerinnen, vermutlich Pantomimen obszöner Art, gehören nach verschiedenen Aussagen zu den Riten, durch welche die Teilnehmer an den geheimen Feiern, die »Aphrodiasten«, in die großen Fruchtbarkeitszyklen aufgenommen wurden. Die Eingeweihten erhielten einen Klumpen Salz und einen kleinen Phallos: Sinnbilder der Ankunft Aphrodites aus dem Meer und der zeugenden Kraft. Als Gegengabe mußte eine Münze gespendet werden.

Ganz Zypern galt als Eigentum der Anassa, und mit der orgiastischen Nachtfeier ihrer Geburt wurde zugleich der Beginn eines neuen Jahres auf der Insel zelebriert. Fackelläufe, »lampadephories« genannt, und die bereits erwähnte sehr alte Sakralhandlung der Ölung des Steinfetischs gehörten ebenfalls zu den Zeremonien.

Das Fest dauerte vier Tage. Am ersten vergnügte man sich mit Wettspielen verschiedener Art, am zweiten fand ein rituelles Meerbad statt, die Darbietung unblutiger Opfer geschah am dritten und eine Schlußfeier beendete den vierten Tag, bei der die Aphrodisiasten vom Hohenpriester zu Eingeweihten erklärt wurden und einen Kuchen, den Pyramus, erhielten.

Alt-Paphos lag weniger als zwei Kilometer vom Meer entfernt. Nach einem Bericht von Servius waren noch im 4. Jahrhundert n. Chr. die Hänge bis hinab zum Ufer bebaut. Dann vernichtete ein furchtbares Erdbeben die Stadt. Von der Stadt, die rund 20000 Einwohner hatte, blieben nur wenige Spuren. Der Hafen, den Strabon besonders hervorhebt, ist verschwunden. Auf der Höhe streicht der Seewind ungehindert über gelb und rot blühende Wiesenflächen und Getreidefelder. In der Nähe dieser verlassenen Stätte fließt der Diarrhizos. Vielleicht war dieser halb versiegte

Wasserlauf der Bokaros, der »Fluß der hundertarmigen Mündung, der Paphos ohne Regen ernährt«, von dem der Chor in den »Mänaden« des Euripides singt.

Von den ausgedehnten Tempelanlagen, zu denen einmal die *»Pilgerscharen, von Hoffnung verblendet, aus allen Teilen der Welt strömten . . .«* (aus einer Elegie an den König Nikokles von Paphos), sind nur mehr einige riesenhafte Kalksteinblöcke zu sehen. Im Februar 1969 begannen drei Mitarbeiter des Britischen Institutes für Altertumsforschung in Athen mit einer mehrmonatigen Ausgrabung. Sie hofften, das versunkene Heiligtum wiederzufinden.

Einige verwitterte Blöcke, in denen die Bevölkerung noch heute Zauberkräfte vermutet, niedrige Mauerfragmente, grasüberwucherte Platten, die von unzähligen Füßen abgetreten wurden, Stufen, Säulensockel – eine Insel aus Steinbrocken: das ist heute die heilige Stätte der Kypris.

In der Antike wurden die Riten, die aus der Zeit der Fruchtbarkeitsgöttin fortlebten, und die Bedeutung vieler Symbole und Sakralhandlungen nicht mehr begriffen oder entsprechend den religiösen und sittlichen Auffassungen späterer Epochen ausgelegt und beurteilt. Die freie Verfügung der zypriotischen Mädchen über ihren Körper – entstanden aus alten religiösen Vorstellungen und Traditionen der mutterrechtlich gefärbten Frühkulturen – wirkte als Sittenlosigkeit. Verschiedene Schriftsteller berichten mit Verachtung, daß die zyprischen Mädchen ihre Mitgift durch Hurerei erwürben. Das gleiche wurde auch von den Lydierinnen und den etruskischen Frauen behauptet.

Der Kult der Kypris wurde sicherlich durch die in der Umgebung ihrer Tempel und vor allem in den Hafenvierteln von Alt- und Neu-Paphos wuchernde kommerzielle Prostitution profaniert und erniedrigt.

Die antiken Dichter können sich nicht genugtun im Preisen der Insel. In den »Mänaden« des Euripides singt der Chor voll Sehnsucht: »*O käm ich nach Kypros – Aphrodite zu grüßen – Ihr holden Eroten – Die die Herzen verführen . . .*« Die Lebenskunst und der Luxus ihrer sinnenfrohen Bewohner waren sprichwörtlich. Bei den Sklavenhändlern und Kupplern stand Zypern im Ruf des besten Liebesmarktes im gesamten Mittelmeerbereich. Bei dem römischen Komödienverfasser Terenz (etwa 190–159 v. Chr.) tritt der Kuppler Samio auf, der eine ganze Schiffsladung junger Hetären eingekauft hat und sich nun sorgt, ob seine Galeere die Insel rechtzeitig erreichen wird. Die Zypriotinnen galten als Meisterinnen in allen Liebeskünsten und waren vor allem in Rom begehrt.

Bis zur Verfallszeit der Metropole im dritten nachchristlichen Jahrhundert behielten die Mädchen der Insel ihre sexuelle Freiheit, allerdings nur bis zur Hochzeit.

Die isolierte und besondere Lage der Insel begünstigte das Fortbestehen von Traditionen, die anderswo längst von einer strengen patriarchalischen Moral abgelöst worden waren. Die Tage der gleichberechtigten oder gar überlegenen Frau waren gezählt.

12.

WAFFENDIENST UND SEXUELLE FREIHEIT

Auch das letzte nach Griechenland eingewanderte indogermanische Volk, die Dorer oder Spartaner, ein zähes und kämpferisches Volk, weist Merkmale der alten Frauenherrschaft auf: Verehrung einer Mondgöttin, Doris, von der die Dorer ihren Namen ableiten, und eine gesellschaftliche und sexuelle Gleichberechtigung der Frau. Die Bedeutung der Mondgöttin war für die Spartaner so groß, daß sie an der Schlacht von Marathon nicht teilnahmen, weil an diesem Tag eine ungünstige Mondphase herrschte.

Spartanische Frauen nahmen selbstsicher und ungezwungen an sportlichen Wettkämpfen teil, sie maßen sich mit jungen Männern, »die Kleider abgelegt, die Hüften nackt, zu gleichem Ringkampf«. Sie entschieden in Ratsversammlungen vor allem mit über Krieg und Frieden. Zu Hause bestimmten sie alles, und vor der Ehe verfügten die jungen Mädchen völlig frei über sich. Aristoteles, Euripides und viele andere entsetzten sich über die Freiheiten der spartanischen Frauen. Eine bekannte Anekdote zeigt, wie gut sich Frauenherrschaft und Männertugend in der Glanzzeit Spartas vertrugen: Die Frau des spartanischen Feldherrn Leonidas, Gorgo, wird von einem vornehmen athenischen Ehepaar besucht. Die Dame aus Athen sagt zu der Gastgeberin, daß sie die Spartanerinnen in allen Stücken beneide, weil sie als einzige Frauen Griechenlands die Männer völlig beherrschten. *»Wir sind auch die einzigen«*, sagt Gorgo, *»die wirkliche Männer gebären.«*

Bei den weiter im Norden lebenden indogermanischen Völkern lebten die Frauen und Mädchen ähnlich frei und ungezwungen wie die Spartanerinnen, so bei den Kelten, den alten Briten und Walisern, den vielen germanischen Stämmen und ihren Nachbarn, den Venetern, den Vorfahren der späteren Sklaven. Die Freizügigkeit der Frauen zeigte sich in der Kleidung, in dem ungezwungenen Umgang mit Männern. Die Mädchen dieser nördlichen Stämme wurden zum Kriegsdienst nicht nur ausgebildet, sie wurden bei Gefahr auch eingesetzt.

Bei den Kelten bemerkte man Reste der alten Frauenherrschaft früh. Wieder ist es die Mondgöttin, Epona, die verehrt wird. Als einzige Göttin wird sie übrigens beritten dargestellt. In Gallien aber gibt es noch eine andere weibliche Instanz, die offenbar als eine Art Schiedsgericht oder oberster Gerichtshof fungierte, das Große Matronenkollegium, ein Zusammenschluß alter Frauen, deren Rat als verbindlich angesehen wurde. Als Hannibal bei seinem großen Feldzug gegen Rom durch Gallien marschieren mußte, wollte er als kluger Staatsmann vermeiden, auch dieses Volk zu seinen Feinden oder zu Verbündeten der Römer zu machen. Er verhandelte also rechtzeitig mit den Galliern über Zahlungen für Schäden, die beim Durchzug des karthagischen Riesenheeres mit seinen Elefanten und Kriegsmaschinen entstehen könnten. Es wurde entschieden, daß das Große Matronenkollegium die Höhe der Entschädigungszahlungen bestimmen und daß diese Summe von den Karthagern widerspruchslos akzeptiert werden solle.

Die weibliche Erbfolge der Kelten war schon Livius aufgefallen, bei den ebenfalls keltischen Briten und Iren blieb die Ehe bis zur Minnesängerzeit matrilokal, das heißt, die Frau bestimmt den Wohnsitz, und die Frauen lebten in jeder Beziehung sehr freizügig. In der Liebe ergriffen sie oft die Initiative. Ein griechischer Reisender aus Marsilia, dem heutigen Marseille, besuchte einst einen benachbarten gallischen Fürsten, der gerade alle Adligen der Umgebung zu der Verlobung seiner Tochter eingeladen hatte. Zum großen Erstaunen des griechischen Gastes erschien die schöne Tochter erst nach dem üppigen Gastmahl, in der Hand einen goldenen Becher mit Wein. Lange musterte sie die Versammelten, dann wählte sie einen aus ihrer Mitte zu ihrem künftigen Mann.

Auch irische und gälische Frauen hießen nach ihren Müttern und verteidigten mit ihren Männern das Land, wenn die Not es verlangte, wie die keltischen Briten, wo viele Frauen an dem Aufstand der Fürstin Bovdieca gegen die Römer teilnahmen.

Als die Römer nach Spanien vordrangen, kämpften die Frauen der Kantaberer, im heutigen spanischen Galicien, Seite an Seite mit ihren Männern. Man sagt, daß sie sich lieber töteten als in die Hände der Feinde zu fallen und daß sie keinen Laut von sich gegeben hätten, wenn sie verwundet wurden. Justin erwähnt ihre sexuelle Ungebundenheit und ihre Qualitäten als Arbeiterinnen, und Strabon bewundert die Leichtigkeit, mit der sie ihre Kinder zur Welt bringen und sofort wieder zur Arbeit zurückkehren.

Gleichberechtigte, tüchtige und kampfentschlossene Frauen als Relikte der alten Frauenherrschaft finden sich überall in Europa, überall in der Welt, in Asien, Afrika und Amerika.

C.

AUF ALLEN KONTINENTEN

I.

AMAZONEN IM URWALD VON GUAYANA

Im Jahre 1846 unternimmt der deutsche Völkerkundler Richard Schomburgk im Auftrage des preußischen Königs eine Reise nach Britisch-Guayana. Mit großer materieller Unterstützung machen sich Völkerkundler und auch Mediziner auf den Weg, um Land, Eingeborene, die Tier- und Pflanzenwelt zu erforschen, ein Prestigeunternehmen, mit dem der Ruf der deutschen Wissenschaft gefördert und die Welt mit neuen Fakten bekanntgemacht werden soll.

Ein Jahr später werden in einem riesigen, reichbebilderten Folianten, der »Seiner Majestät von Preußen in Dankbarkeit gewidmet« ist, die Ergebnisse veröffentlicht und außerdem die Mühen und Anstrengungen der Reise, die kleinen Freuden am Rande des großen Abenteuers und die glückliche Heimkehr der Wissenschaftler geschildert.

Das Buch heißt »Reise nach Guayana« und bringt zum Ausdruck, daß auch die primitiven Stämme der britischen Kolonien bereits in einer vollentwickelten Männergesellschaft leben und mit der bei vielen Naturvölkern üblichen Polygamie, mit einem Stammesältesten an der Spitze, der über einen ganzen Harem von Frauen verfügt.

Nur einmal ist von einer Mischsiedlung die Rede, in der offensichtlich das Mutterrecht herrscht, denn die Stammeszugehörigkeit wird nie vom Vater, stets von der Mutter hergeleitet. Das Kind einer Warrau-Indianerin und eines Arawaak wird zu den Warraus gezählt. Auch das Erbrecht ist nach mutterrechtlichen Gesichtspunkten geregelt.

Richard Schomburgk hat jedoch noch etwas entdeckt, was er offenbar für so wichtig oder unglaublich hielt, daß er es nicht in seinem populären Reisebuch unterbringen wollte. Im gleichen Jahr 1848 bringen die »Monatsberichte über die Verhandlungen der Gesellschaft für Erdkunde in Berlin« einen kurzen Aufsatz: *»Über die Geschichte der Tradition von den Amazonen in Guayana, nebst einigen Bemerkungen über den Amazonenstein.«*

Diese Amazonen an der Westküste des neuen Kontinents sind nicht nur für ihre kriegerische Grausamkeit bekannt, ihnen gehören auch große Reichtümer, darunter Edelsteine von grüner Farbe. Schomburgk trifft zwar auf keine der Frauen, aber die Macusi-Indianer und die Arawaaks am Demerara-Fluß erzählen ihm von solchen Amazonenvölkern.

»Der Häuptling derselben erzählte uns, daß sein Bruder, welcher am oberen Mazaruni lebte, sie einigemal besucht und selbst einmal einen der grünen Steine von den Wirisamoco, wie sie sich nannten, zum Geschenk erhalten habe. Sie bearbeiteten ihre Felder ohne alle männliche Hilfe, schössen mit Bogen und dem Blaserohr und erlaubten den Besuch von Männern alljährlich nur einmal, worauf sie nach der Geburt alle männlichen Kinder töteten; zugleich wäre ihm, dem berichtenden Indianer, von den Frauen selbst aufgetragen worden, die Männer seines Stammes zu einem jährlichen Besuch zu veranlassen, doch dürfe die Zahl derselben 20 nicht überschreiten. Unsere Hoffnungen, weitere und bestimmtere Nachrichten über die Existenz dieser fabelhaften Mannfrauen einziehen zu können, sind leider nicht erfüllt worden, vielmehr hat unsere Reise nach dem Corentyn sie jetzt auch aus diesem letzten Schlupfwinkel vertrieben. Der Grund dieser so weit verbreiteten Tradition liegt jedenfalls in dem kriegerischen Charakter der Frauen verschiedener Stämme der neuen Welt. Am Essekibo existiert noch heute die allgemeine Sage, daß in den Kriegen, welche die Kariben führten, sie von ihren Weibern begleitet würden und daß diese bei den Angriffen nicht nur Bogen und Pfeile, sondern auch die Kriegskeule brauchten. Bei den schmerzhaften Prüfungen, welche die Mädchen

der Kariben sich unterwerfen müssen (Verwundungen, die mit Pfeffer eingerieben werden, Fasten, Schweigen usw.) und die sie mit unglaublicher Standhaftigkeit ertragen, ist diese Tapferkeit durchaus nichts Unwahrscheinliches.«

Es spricht für ein hohes Alter der Amazonentradition, wenn sich auf dem amerikanischen Kontinent die Charakteristika europäisch-asiatischer und afrikanischer Frauenvölker wiederholen. Gibt es da Zusammenhänge?

2.

VOM KAUKASUS TROCKENEN FUSSES NACH AMERIKA

Die ersten asiatischen Jäger sind auf den Spuren der Ur-Bisons und der Mammute kaum früher als vor 17 000 Jahren über die Bering-Brücke nach Amerika eingewandert. Auch wenn der letzte Beweis für diese sehr frühe Wanderschaft des Menschen von Asien nach Amerika noch nicht erbracht worden ist, die Bausteine für diese Theorie sind sehr solide.

Heute weiß man von vier bis sechs großen Klimaschwankungen in der Erdgeschichte, in denen die Beringstraße, heute auf der Landkarte deutlich als Kette von Inseln zu erkennen, eine solide Landbrücke nach Amerika bildete. Bei der letzten größeren Klimaveränderung, vor etwa 70 000 Jahren, gab es bereits steinzeitliche Jäger und Sammler. Epochen furchtbarer Vereisung ermöglichten dem Menschen den Übergang nach Amerika. Ehe der Mensch nach Amerika kam, gehörte der Kontinent allein den Tieren und den Pflanzen. Das Ursprungsland der Indianer ist also nicht in Amerika zu suchen.

Es gab mehrere Einwanderungsphasen, die mit dem Ansteigen und Absinken des Meeresspiegels verbunden waren. In der letzten Klimaschwankung vor rund 70 000 Jahren war der Eispanzer vermutlich 3 000 Meter dick. Bis tief hinab ins heutige Wyoming und Wisconsin waren die Gletscher vorgerückt. Vom Wasser der Beringsee, das Asien von Amerika trennt, wurden so ungeheure Massen zu Eis, daß sich der Meeresspiegel um mehr als 100 Meter senkte. Die Gletscher, die einen Teil des ohnehin flachen Meeres verbrauchten, bildeten zugleich eine natürliche Brücke. In den Perioden der Erwärmung verschwand die Landbrücke wiederholt im ansteigenden Meer. Bis vor 6 000 Jahren, als das Wasser die Landbrükke das letztemal überflutete, hatte der Mensch theoretisch dreimal die Möglichkeit, trockenen Fußes von Asien nach Amerika zu gelangen.

Die erste Brücke erhob sich vor 70 000 Jahren aus dem Wasser und war dann rund 30 000 Jahre passierbar. Eine neue Landverbindung tauchte vor vielleicht 35 000 Jahren auf und versank 10 000 Jahre später wieder in den Fluten. Wie viele dieser offenen Landverbindungen hat der Mensch genutzt? Anthropologen halten es für zumindest denkbar, daß Vorfahren der Kaukasier, die aus der Mandschurei oder Mongolei vertrieben wurden, den neuen Kontinent früher erreicht haben als die Hauptmasse der »Indianer«, die deutliche Verwandtschaft mit den Mongolen zeigen.

Blutgruppenuntersuchungen, die eine amerikanische Forschergruppe durchführte, haben ergeben, daß bei einigen Stämmen der Diego-Faktor (ein Unverträglichkeitsfaktor ähnlich dem Rhesusfaktor) wie bei den Völkern Kaukasiens und allen Europäern fehlt, während alle Völker mongolischen Ursprungs wie die meisten Indianer ihn besitzen.

Aus ihren einstigen Lebensräumen abgedrängt, dürften die Ur-Kaukasier die ersten Amerikaner gewesen sein. Erst nach diesen Einwanderern aus Asien wären dann in einem zweiten Schub die Vorfahren der eigentlichen Indianer von heute gekommen, und erst als die Beringstraße zum vorläufig letztenmal eine Landverbindung darstellte, wären als letzte Einwanderer die rein mongolischen Eskimos und Aleuten gekommen, die den kalten Norden von Kanada besiedelten. Zu dieser Zeit hatten sich die indianischen Jäger längst über ganz Südamerika verbreitet.

Wenn die Menschheit und damit die Ursprache sich von einem Zentrum aus verbreitet haben über die Erde, dann möglicherweise auch das geheime Wissen der Frauen um ihre Macht. Denkbar ist aber auch, daß einige Stämme über lange Zeit auch auf dem neuen Kontinent ihre matriarchalische Kultur beibehielten.

Die Schilderung einer indianischen Sage aus Guayana, die der englische Missionar W. H. Brett 24 Jahre nach Schomburgk in seinen »Legenden und Mythen der Eingeborenen von Guayana« (1870) aufgeschrieben hat, ist die Geschichte eines typischen Amazonenaufstandes.

3.

DIE VERSCHWÖRUNG DES JAGUARS

»Dies ist die Geschichte der stolzen Worisianas, und wie ihre Kraft und ihr Kriegsruhm in der Schande begannen. Denn Toeyza, die Frau des Häuptlings, wagte es, treulos zu sein und das Unheil herbeizuführen; ihr Herr und Meister war stolz, sie war es noch mehr. Im Bad der Frauen sagte Toeyza: ›Einige sagen, daß die Ehe ein Schutz ist; für mich ist sie elende Unterwerfung; lieber tot sein. Denn, von unseren Eltern verheiratet, wissen wir nichts von der Liebe. Sorgen jeden Tag. Arbeit jetzt, Arbeit morgen. Verwerft mit mir diese schändliche Sklaverei. Seht diesen schwarzen Jaguar, das ist mein Geliebter. Mit ihm werden wir fortschwimmen, und wir werden frei sein. Hier sein Name: Walyarima. Das wird unser Losungswort sein. Ihr, die ihr euch von der Tyrannei eurer Männer zu befreien sucht, behaltet ihn gut.‹

Aber drei Männer sahen Walyarima von einem nahen Wald. Sie sahen, hörten und erzählten die Geschichte dem Häuptling Toeyboroi. Am nächsten Tage sagte der Häuptling ruhig zu den Frauen: ›Eine schwierige Jagd steht uns bevor, wir laufen Gefahr, Hunger zu leiden; macht Kassava-Brot.‹ Die Frauen im Bade riefen ›Walyarima‹, riefen den verfluchten Namen. Sie warfen sich ins Wasser. Und Walyarima kam, umzingelt von Pfeilen, die bereit waren, ihn niederzumachen. Der Häuptling tauchte ins Wasser ihm entgegen, schoß einen mächtigen Pfeil auf ihn ab und tötete ihn. Traurig brachten die Frauen sein Fell zum Hause der Frauen und hängten es innen an den Balken.

Die Frauen liefen im Gänsemarsch, jede mit ihrer Last. Ihre Männer beaufsichtigten sie streng, ohne einen Blick auf das blutige Fell zu werfen. Toeyza kommt als letzte. Sie hält sich fest, den Kopf hoch erhoben, schön und groß; selbst ihr Mann bewundert ihre Haltung. Dann sagt er ihr: ›Wir gehen auf die Jagd, macht das Brot schnell; backt es heute nacht, wir können nicht warten; wir brauchen Brot für fünf Tage.‹ ›So sei es‹, sagte sie, ›bringt uns das Fleisch und das starke Wild, noch mehr als zuvor, Wir, eure Frauen, wir werden euch damit nähren, und wir werden die ganze Nacht an eurer Seite tanzen.‹ Im Herzen der stolzen Toeyza brannte ein heftiger Zorn, denn dieser Tropfen Blut beseelte sie, und die dämonische Macht, die sie entflammte, übertrug sich auf die anderen: ›Unsere Herzen brennen auf Rache‹, sagte sie, ›alle unsere Herzen. Die Männer beleidigen uns täglich. Aber ich führe euch, und ihr werdet alle frei sein.‹

Der Häuptling kehrte von der Jagd zurück, und seine Männer brachten mehr als zwanzig Tiere und Vögel mit, frisch oder geräuchert. Das war viel, und das Festessen begann, denn die Frauen hatten viel starkes Getränk vorbereitet.

Die Männer tranken und legten sich nieder, und die Durstigen verlangten noch mehr zu trinken. Jede Frau füllte dann eine Kalebasse bis zum Rand und reichte sie demütig ihrem Mann, wie es Toeyza befohlen hatte. Das war verhängnisvoll für ihn: sie hatte dem Getränk ein Gift beigemischt, das allen den Tod brachte. Bald fielen in schrecklichen Krämpfen die Krieger tot zu Boden. ›Freut euch‹, rief Toeyza. ›Frauen, ihr seid frei. Nie wieder werden euch eure Männer befehlen, euch schlagen und euch betrügen, wenn ihr mir folgt.‹ Einige flohen mit ihren Söhnen. Die anderen tanzten bis Mitternacht, mit erheuchelter Freude. Jedes Herz war von der dämonischen Macht mit Wut erfüllt.

Nun marschierten die Frauen durch die Wälder. Sie trugen Hängematten, Lebensmittel und Waffen für einen langen Marsch in ein fernes Land. Alle gehorchen ihrer Anführerin, der großen und starken Toeyza. Manchmal kämpfen sie, manchmal fliehen sie. Mit ihren Bogen bahnen sie sich den Weg. Viele unzufriedene Frauen schließen sich ihnen mit Freude an. Sie proklamieren ihre Freiheit, nennen sich ›das Volk der Frauen‹ und behandeln die Ehemänner als Feinde. Sie jagen die Männer oder metzeln sie nieder und sagen zu ihren Ehefrauen: ›Wir nehmen euch mit euren Töchtern auf; aber wenn ihr Söhne behalten wollt, verlassen wir euch hier mit ihnen.‹ Sie marschieren, die anderen folgen ihnen und vergrößern ihre Truppe. Die Frauen sind von ihrer Heimat losgerissen, wie durch eine Epidemie. Währenddessen haben mitleidige Freunde ihre vergifteten Opfer gefunden, die beim Anblick der Skelette schauderten, die Geier verjagten und sie begruben. Sie haben sich dann an die Verfolgung der Frauen gemacht, sich beeilt, um sie wieder zu ergreifen. Aber sie konnten keine von ihnen fangen, denn die Frauen wollten lieber sterben. Sie erreichten große dunkle Wälder und sahen die Tapfersten unter sich fallen. Die starken Männer schwammen in ihrem Blut, durchbohrt von weiblichen Bogenschützen, die hinter den Mauern von Laub verborgen waren. Da machten die Männer halt, und ein Weiser sagte zu ihnen: ›Was haben wir zu gewinnen? Wozu können uns Frauen dienen, die uns als Feinde betrachten? Lassen wir sie ihren Marsch fortsetzen.‹ So marschierten die Frauen weiter der untergehenden Sonne zu. Sie überwanden alle Gefahren und ließen sich in einem fernen Land nieder.

Ihre stolze Königin Toeyza erließ strenge Regeln: ›Wir anerkennen die Männer als Geliebte, wenn sie zu uns als Nomaden kommen, aber keiner darf sich hier niederlassen. Von den Kindern, die wir mit ihnen haben, werden wir die Knaben fortschicken; aber die Mädchen werden wir mit Freude aufziehen, denn sie werden unsere Nachfolge antreten.‹ Zeitalter sind seitdem vergangen. Ihre Nachkommen gehorchen noch immer diesen Gesetzen, erzählen die Geschichte des Jaguars und behaupten ihr Reich in den Bergen von Parima.«

Schon die ersten Forschungsreisenden stellten an den Eingeborenenfrauen kriegerische Eigenschaften fest. Christoph Kolumbus fiel auf, daß die Karibenfrauen die Insel genauso verteidigten wie die Männer, und auf seiner zweiten Reise habe er in Santa Cruz

Frauen gesehen, die der Tapferkeit der Männer in nichts nachstanden. *»Beide Geschlechter haben große Kraft«*, schreibt der Chronist Pietro Martire d'Anghiera, *»und gebrauchen meisterlich den Bogen und die anderen Waffen. Wenn die Männer vom Lande abwesend sind, verteidigen sich die Frauen so gut gegen die Angriffe – ebenso gut wie die Männer –, daß man sie für Amazonen gehalten hat.«*

In ganz Süd- und Nordamerika begleiten die Frauen ihre Männer bei kriegerischen Unternehmungen und verteidigen mit ihnen zusammen ihr Land: so in Südkolumbien, im Osten Venezuelas, die Ficenu Nordkolumbiens werden von einer Frau beherrscht, in Klamath kämpfen Indianerinnen gegen die Yankee-Eindringlinge; Kraft, Mut und Ausdauer haben die Irokesenfrauen, und 1776 fand Rutherford bei einem Feldzug gegen den Cherokee-Stamm unter den Verwundeten eine bewaffnete und als Krieger verkleidete Frau.

4.

INKAPRIESTERINNEN AUF DER FLUCHT

Der längste Fluß Amerikas sollte ursprünglich gar nicht Amazonas heißen, sondern eigentlich nach seinem Entdecker Francisco de Orellana, einem Offizier Pizarros. Die Brüder Gonzalo und Francisco Pizarro hatten bereits das heutige Peru für die spanische Krone erobert und herrschten wie Könige von eigenen Gnaden. Schon öfter hatten sie von einem mächtigen Fluß gehört, der vom Westen, fast von der Pazifikküste aus, den ganzen riesigen Kontinent durchziehen, durch die schier unermeßlichen Urwälder und unbekannten Länder führen und schließlich in den Atlantik münden sollte. Flüsse waren für die Eroberer und Entdecker die wichtigsten und sichersten Verkehrswege, um Truppen, Waffen und Material zu transportieren. Ziel solcher Expeditionen war damals immer, neue Länder, neue Völker und vor allem Schätze zu entdecken und zu erobern: Gold, Perlen, Edelsteine, auch Silber. Erst später entwickelte sich ein Interesse an der landwirtschaftlichen Ausbeutung der Kolonien, das zur Aufteilung der noch unerforschten Welt unter die Länder Europas führte.

Dic Brüder Pizarro beschlossen also, den Fluß zu erforschen, ohne auch nur eine entfernteste Ahnung von den ungeheuren Schwierigkeiten dieses Unternehmens zu haben. Von Quito im heutigen Ecuador brechen am 26. Dezember 1541 zwei Gruppen auf; die eine, von Gonzalo Pizarro sclbst geführt, kehrt jedoch bald an den Ausgangsort zurück. Die andere Gruppe wurde von dem damals dreißigjährigen Orellana angeführt und bestand aus 57 spanischen Soldaten und einheimischen Führern. Pater Gaspar de Carvajal begleitet mit einem zweiten Priester die Expedition; er schreibt den Bericht über die Forschungsreise.

Die Priester sollen den Eingeborenen die Lehre Christi verkünden, denn alle Raubzüge gelten schließlich im Auftrag seiner Majestät offiziell der Bekämpfung des Heidentums und der Verbreitung der Lehre Christi und sind von allerhöchster kirchlicher Seite abgesegnet.

In den von den Priestern geführten Tagebüchern sind daher nicht nur die ersten Beschreibungen von Land und Leuten, von der Tier- und Pflanzenwelt enthalten, ohne sie wüßte man auch nichts über die beispiellosen Grausamkeiten und Schlächtereien, regelrechter Ausrottung ganzer Völker. Unter grausamen Foltern wurden noch die letzte Unze Gold, der letzte Edelstein aus den Indianern herausgepreßt.

Die Gruppe von Orellana ist seit dem 26. Dezember unterwegs und fährt nacheinander zwei Flüsse ab. Am 3. Januar 1542 finden sie den Anfang des gesuchten Flusses und taufen ihn Orellana-Fluß. In einer der ersten indianischen Ansiedlungen, deren Sprache ihre eingeborenen Führer noch verstehen, erzählt ihnen der Häuptling, daß einige Tagesreisen weiter an diesem Fluß Amazonen leben, kriegerische Frauenvölker von unermeßlichem Reichtum.

Bereits am 5. Juni finden sie ein Dorf, das zwar keine eigentliche Amazonensiedlung ist, offenbar aber den Amazonen untertan. Eine Art hölzernes Wappen oder Hoheitszeichen stellt den Anspruch der Amazonen dar, heißt es in dem Bericht »Descubrimiento de Rio las Amazonas« von Carvajal, der lange nur als Handschrift im Besitz eines Privatmannes, des Herzogs von Tilly, existierte und erst 1894 von Toribio Medina in Sevilla herausgegeben wurde. *»In diesem Dorf war ein sehr großer Platz, und mitten auf dem Platz war eine große Holztafel von zehn Fuß im Quadrat, auf der eine ummauerte Stadt mit ihrer Umfriedung und mit einem Tor dargestellt und in Relief geschnitzt war. An diesem Tor waren zwei sehr hohe Türme mit ihren Fenstern, und jeder Turm hatte eine Tür, die eine der anderen gegenüber, und an jeder Tür waren* *zwei Säulen, und dieses ganze besagte Werk ruhte auf zwei sehr wilden Löwen, die nach rückwärts schauten, als mißtrauten sie einander, welche in den Pranken und Klauen das ganze Werk hielten, in dessen Mitte es einen runden Platz gab: in der Mitte dieses Platzes war ein Loch, wodurch sie chicha für die Sonne opferten und gossen, welches der Wein ist, den sie trinken, und es ist die Sonne, die sie anbeten und für ihren Gott halten. Genug, das Bauwerk war eine sehr sehenswürdige Sache, und der Kapitän und wir alle, die wir uns über eine so große Sache erstaunten, fragten wir einen Indianer, den wir hier ergriffen, was jenes dort wäre, oder zu welchem Gedenken sie es auf dem Platze hätten, und der Indianer sagte, daß sie den Amazonen untertan und tributpflichtig seien, und daß sie ihnen mit nichts anderem dienten, als sie mit Federn von Papageien und Aras zum Bedecken der Dächer und Häuser ihrer Heiligtümer zu versorgen, und daß die Dörfer, die sie hätten, von solcher Art wären, und daß sie es zum Gedenken dort hätten, und daß sie es anbeteten als etwas, was das Emblem ihrer Herrin wäre, welche es ist, die über das ganze Land der besagten Frauen gebietet.*«

In einer anderen Quelle, die schon im Herbst 1542 von Gonzalo Fernandes de Oviedo geschrieben wurde, stützt sich der Bericht nicht nur auf einen Augenzeugen, sondern auf Befragungen der ganzen Expeditionsteilnehmer. Oviedo nennt die Namen von sieben indianischen Häuptlingen, die den Amazonen untertan sind. Sein Kapitel bestätigt alles, war Carvajal beschrieben hat, so daß dessen Schilderungen erheblich an Gewicht gewinnen, zumindest keine Phantasieprodukte eines einzelnen Priesters mehr sein können.

Auf dem Weg flußabwärts treffen die Spanier auf ein weiteres den Amazonen tributpflichtiges Dorf mit einer ähnlichen Hoheitstafel aus Holz.

Nicht alle Bewohner sind gleich freundlich zu den spanischen Eroberern, bei verschiedenen Ansiedlungen kommt es zu Kämpfen. Dann aber, am 24. Juni 1542, erreichen sie das Amazonenland. Sie werden schon erwartet: *»Ich will erklären, welches der Grund war, aus dem sich diese Indianer in solcher Weise verteidigten. Man muß wissen, daß sie den Amazonen untertan und tributpflichtig sind, und da sie von unserem Kommen erfahren hatten, gingen sie, um sie um Hilfe zu bitten. Es kamen auch tatsächlich etwa zehn oder zwölf, denn diese sahen wir, welche vor allen Indianern als weibliche Kommandanten der Boote kämpften, und sie kämpften so mutig, daß die Indianer nicht wagten, den Rücken zu kehren, und wer den Rücken kehrte, den schlugen sie vor uns mit Stöcken, und das ist der Grund, weswegen sich die Indianer so sehr verteidigten. Diese Frauen sind sehr weiß und groß und haben das Haar sehr lang und geflochten und um den Kopf gelegt, und sie sind sehr stämmig und gehen splitternackt, nur die Scham ist verhüllt, in der Hand Bogen und Pfeile, und sie kämpfen so tapfer wie zehn Indianer; und in der Tat gab es unter ihnen eine Frau, die einen Pfeil eine Handbreit tief in eines unserer Boote schoß, und andere weniger tief, so daß unsere Boote wie Stachelschweine aussahen.*

Um zu unserer Lage zurückzukehren, so war der Herrgott so gütig, unseren Kumpanen Kraft und Mut zu geben, daß sie sieben oder acht von den Amazonen erschlugen, weshalb die Indianer verzagten und besiegt und vernichtet wurden mit reichlichem Schaden für ihre Person.«

Unter den Gefangenen war ein Indianer, der in dem Dorf geboren war, bei dem die Spanier mit den Amazonen zusammentrafen. Der Kommandant fragte ihn nach dem Namen des Herren dieses Landes, und der Indianer antwortete, *»daß er Couynco hieße und daß er ein sehr großer Herr wäre und daß er bis dorthin herrschte, wo wir waren, was, wie ich gesagt habe, 150 Meilen ausmachte. Der Kommandant fragte ihn, was für Frauen das waren, die gekommen waren, um ihnen zu helfen und uns zu bekriegen: der Indianer sagte, daß das Frauen wären, die das Land im Inneren sieben Tagesreisen vom Ufer bewohnten, und da dieser Herr Couynco ihnen untertan war, wären sie gekommen, um das Ufer zu beschützen. Der*

Kommandant fragte ihn, ob diese Frauen verheiratet wären: der Indianer sagte, nein. Der Kommandant fragte ihn, in welcher Weise sie denn lebten: der Indianer antwortete, daß sie , wie er gesagt hätte, im Landesinneren wären und daß er viele Male dort gewesen wäre und ihr Betragen und ihre Lebensweise gesehen hätte, weil er als Vasall den Tribut bringen ging, wenn ihn sein Häuptling schickte.

Der Kommandant fragte, ob diese Frauen zahlreich wären: der Indianer sagte, ja, und er wüßte 70 Dörfer mit Namen, und er zählte sie auf vor uns, die wir dort waren, und in einigen wäre er gewesen. Der Kommandant fragte ihn, ob diese Dörfer wie dort üblich aus Stroh wären: der Indianer sagte, nein, sie seien aus Stein und mit Toren, und von einem Dorf zum anderen gingen Wege, die am einen und am anderen Ende abgesperrt seien, und in Abständen wären Wachen darauf postiert, damit niemand dort hinkäme, ohne Zoll zu zahlen.

Der Kommandant fragte nun, ob diese Frauen Kinder bekämen, der Indianer sagte, ja. Der Kommandant fragte ihn, wie sie, da sie nicht verheiratet wären und kein Mann bei ihnen wohnte, schwanger würden: er sagte, daß diese Indianerinnen bisweilen mit Indianern zusammenkämen. Wenn sie Lust dazu hätten, versammelten sie eine große Menge von Kriegern und erklären einem sehr großen Stamm den Krieg, der in der Nähe dieser Amazonengebiete wohnt, und mit Gewalt bringen sie die Männer in ihre Länder und behalten sie bei sich, solange es sie danach gelüstet, und sobald sie sich schwanger fühlen, schicken sie sie in ihr Land zurück, ohne ihnen sonst etwas Böses zu tun; und dann, wenn der Zeitpunkt der Geburt kommt, wenn sie einen Sohn gebären, töten sie ihn oder schikken ihn zu seinem Vater, und wenn es eine Tochter ist, ziehen sie sie mit sehr großer Feierlichkeit auf und machen sie mit dem Geschäft des Krieges vertraut. Weiter sagt er, daß es unter all diesen Frauen eine Herrin gäbe, die alle anderen unter ihrer Hand und Gerichtsbarkeit hielte und regierte, und diese Herrin hieße Conori.«

Der Indianer erzählt, daß bei Sonnenuntergang kein männlicher Indianer in all diesen Städten bleiben darf. Er muß fortgehen und in sein Land ziehen. Viele umliegende Provinzen, die von Indianern bewohnt wären, müßten Tribut zahlen. Vielen helfen die Amazonen, mit anderen führen sie Krieg, besonders mit denen, die sie sich zum Geschlechtsverkehr ausgesucht haben: Diese wären auch sehr groß und von weißer Hautfarbe.

Den Spaniern hatte man schon sechs Meilen von Quito entfernt Ähnliches erzählt. Um die Amazonen zu sehen, kommen viele Indianer den Fluß hinunter, teilweise bis zu 1 400 Meilen fahren sie. Wer in das Land dieser Frauen ginge, würde als Jüngling gehen und als alter Mann zurückkehren.

Forscher machen sich auf, um die Amazonen, die anscheinend nicht gewöhnliche Eingeborene, Wilde sind, sondern kultivierte Städtebauerinnen, zu suchen. Es stellt sich heraus, daß *offenbar* viele Amazonenvölker den amerikanischen Kontinent besiedeln, besonders die Flußmündung des Amazonas.

Um 1580 bereist Sir Walter Raleigh die Küsten von Guayana: *»Die östlichen Nachbarn des Königreiches von Guayana sind Amazonen, von denen der große Fluß Amazonas seinen Namen erhalten hat. Das sind ausschließlich Frauen, die keinen Mann bei sich wohnen lassen. Von Jugend an werden sie in der Kunst des Krieges erzogen und geübt, und sie haben mit ihren Feinden beständige und heftige Kriege, in denen sie sich schrecklich und blutrünstig zeigen. Jedes Jahr kommen sie in einem Monat, man sagt im April, mit Männern zusammen, damit ihre Rasse nicht ausstirbt. In diesem Monat kommen alle Häuptlinge der Nachbarschaft mit den Amazonen zusammen, die ihrem Alter nach Kinder haben können; die Königin dieser Frauen wählt einen Mann, den, der ihr gefällt; dann losen die anderen aus, wen jede zum Geliebten nimmt. Sie bleiben einen Monat zusammen, vergnügen sich, tanzen, springen und trinken miteinander nach ihrer Weise; wenn der Monat zu Ende ist, kehrt jeder in sein Land zurück. So werden die Frauen schwanger, und jedesmal, wenn sie einen Knaben haben, schicken sie ihn* *zu seinem Vater zurück; wenn es ein Mädchen ist, behalten sie es bei sich, ziehen es auf und schicken dem Vater mehrere Geschenke als Zeichen der Dankbarkeit. Sie haben viel Gold, welches sie von ihren Nachbarn im Austausch gegen einige grüne Steine empfangen.«*

Dieser Stein wird »Amazonenstein« genannt oder »Amazonit«, und er wird im Nordosten von Brasilien gefunden.

Im nächsten Jahrhundert versuchte ein anderer Offizier, Pedro Texeira, das reiche Land der Amazonen zu finden. Man schreibt das Jahr 1639. Ein Priester begleitet ihn, der gebildete Pater Cristoval d'Acunha, der über diese Expedition berichtet hat.

150 Kilometer unterhalb des letzten Dorfes der Tupinambas, wenn man den Amazonas hinabfährt, sind sie im Norden auf einen Fluß, der aus der Provinz der Amazonen kommt, getroffen, und der von den Einheimischen Cumuriz genannt wird, nach den indianischen Völkerschaften, die an seiner Mündung wohnen. Oberhalb von diesen wohnen die Apotos. Dann kommen die Iagaris, die Guacaris, der Stamm, der von den Amazonen bevorzugt wird. Die Guacaris haben ihr Dorf auf einem sehr hohen Berg erbaut. Unterhalb gibt es einen Berg mit dem Namen Tacamiaba, dessen Gipfel höher ist als die anderen und der unbewachsen ist wegen der Stürme, die nie aufhören. Dieser Berg ist die Heimat der Amazonen, die so reich sind, daß sie die ganze Welt reich machen könnten. Die Mündung des Flusses, an dessen Ufern sie leben, soll bei 20 Grad südlicher Breite sein. Diese Frauen leben allein, ohne Hilfe der Männer. Nur manchmal empfangen sie Besuch von ihren Nachbarn, den Guacaris. Sobald sie erkannt haben, daß es ihre Freunde sind, die kommen, stürzen sie zu den Booten der Ankömmlinge. Dort findet jede eine Hängematte, die sie bei sich zu Hause aufhängt, sich hineinlegt und auf die Männer wartet. Nach einigen Tagen verabschieden sich die Gäste der Amazonen und kehren zu ihren Wohnsitzen zurück. Sie versäumen aber nie, im folgenden Jahr zurückzukehren. Die Mädchen, die aus diesen Ver-

bindungen geboren werden, werden von ihren Müttern aufgezogen; man lehrt sie arbeiten und mit Waffen umgehen. Was mit den Knaben geschieht, weiß niemand. Nach Berichten sollen die Amazonen sie im nächsten Jahr ihren Vätern zurückgeben. Aber im allgemeinen glaubt man, daß sie getötet werden.

Fast gleichzeitig mit Orellana suchte 1541 Cabezo de Vega in der Nähe des Paraguay nach dem legendenumwobenen Goldland der Frauen. Cabezo schickte seinen Unterbefehlshaber Hernando de Ribera mit einer Brigantine, einem Kriegsboot für ca. 60 Mann Besatzung, auf den Xarayes-See, einer in regelmäßigen Abständen überschwemmten Flußniederung zwischen dem 15. und 20. Breitengrad.

Die am Ufer ansässigen Stämme berichten von Amazonen, die soviel »gelbes« (Gold) und »weißes« (Silber) Metall hätten, daß sie sogar die Stühle und anderen Hausrat daraus herstellten. Diese reichen Frauenstämme sollten an der westlichen Seite eines großen Sees wohnen, den sie »Haus der Sonne« nannten, weil die Sonne abends in ihm schlafen ginge. Auf der Suche nach diesem See gerieten die Spanier immer tiefer in überschwemmtes und unübersichtliches Gebiet und wurden schließlich von Hunger und Krankheit zur Umkehr gezwungen.

Nachdem er die vielen Berichte aus dem 16. Jahrhundert gelesen hatte, unternahm der Franzose La Condamine 1744 bis 1745 noch einmal eine großangelegte Entdeckungsreise, die ausschließlich der Suche nach den Amazonenvölkern galt. Daß es sie gab, war für die Eingeborenen am Amazonas ohne jeden Zweifel. Die verschiedenen Berichte stimmten darin überein, daß die Amazonen seit den Eroberungszügen der Weißen ihre Wohnsitze weiter nach Norden, an den Rio Negro oder an andere Nebenflüsse des Amazonas, verlegt hatten. Im Fort St. Joachim am Rio Branco fand er endlich die Spur eines Indianers, der diese Frauen noch gesehen haben soll. Am Coari findet er den Häuptling Punilha, aber es war nicht er, sondern sein Großvater, der Begegnungen mit den Amazonen hatte. Er hätte sie in der Nähe der Mündung des Cuchivara und des Cayame, in der Nähe des Coari, gesehen und mit vier Frauen persönlich gesprochen. Eine soll ein Baby auf dem Arm gehabt haben.

Condamine setzt nun seine Suche unterhalb des Coari fort und entdeckt tatsächlich neue Spuren. Die Topayos zeigen ihm merkwürdig grüne Steine, die »Amazonensteine« genannt werden. Ihren Vätern und Großvätern, die mit den Weibern ohne Männer Kontakt hatten, hätten die Steine gehört. Vielleicht waren diese Smaragde tatsächlich so etwas wie ein Lohn für die vorübergehenden Liebhaber. Als der Missionar Gili einen Quaqua-Indianer fragte, welche Völkerstämme am Cuchivara wohnten, wurden ihm unter anderem die Aikkeam-benanoes genannt. Das sei eine Horde Frauen, die lange Blasrohre, Bogen und andere Kriegswaffen herstellte. Die Männer des benachbarten Stammes, die Vokearoes, durften sie jährlich einmal besuchen und wurden mit üppigen Geschenken wieder entlassen. Wie überall werden die männlichen Kinder auch hier nach der Geburt getötet. La Condamine verglich diese und andere Berichte, Sagen und Erzählungen miteinander und trug sie auf einer Karte ein. Daraus ergab sich, daß die Amazonen über die Nebenflüsse des Amazonas immer weiter nach Norden gezogen waren. Ihre Spur verliert sich in den unzugänglichen Gebirgsgegenden von Guayana, wo ihnen noch im vergangenen Jahrhundert der preußische Forschungsreisende Schomburgk begegnet ist, der die Sage vom »Jaguar« überliefert hat.

Es ist anzunehmen, daß die Amazonen aus den wirklichen »Goldländern«, den Hochkulturen von Peru und Ekuador, gekommen sind. Dort, in den religiösen und staatlichen Zentren, deren pyramidenförmige Großbauten heute noch bewundert werden können, scheinen sie als Priesterinnen und Leiterinnen kultischer Feste noch eine gewisse Macht ausgeübt zu haben. Während bei den Inkas und den Azteken sich eine »tolerante« Form der Männerherrschaft etablierte, regierten in der ältesten Zivilisation Südamerikas, in der *Valdivia*-Kultur an der Küste Ecuadors, die Frauen.

5.

DIE MENSCHENOPFER VON REAL ALTO

Es war durchaus keine milde matriarchalische Herrschaft, sondern eine gewalttätige Amazonenherrschaft mit grausamen Männeropfern.

Anfang der sechziger Jahre grub der Ecuadorianer Emilio Estrada in dem kleinen Fischerort Valdivia am Pazifik Keramiken aus, die ein sehr hohes Alter hatten. Wenige Jahre später, 1971, begannen in dem nicht weit davon liegenden Ort *Real Alto* die Grabungen, bei denen der Archäologe Jorge Marcos eine Stadt freilegte, die bereits vor 5 000 Jahren bestanden hatte, eine blühende Siedlung von Ackerbauern (Maisanbau) und Viehzüchtern mit einer hochentwickelten Keramik. Diese Stadt war also *fast gleichzeitig* mit den meisten Großsiedlungen des Mittelmeerraumes entstanden! Real Alto hatte schon vor 5 000 Jahren aus mindestens 100 Häusern bestanden, deren jedes Platz hatte für eine Großfamilie oder Sippe von 30 Personen. Die Häuser und Straßen gruppierten sich um einen ausgedehnten Platz. Die Häuser besaßen einen ovalen Grundriß. Auf festes Steinwerk und Hartholzpfosten bis zu 20 Zentimetern Durchmesser hatten die Baumeister eine Balkonkonstruktion gesetzt; das Dach war vermutlich mit wetterfesten Paja-Blättern gedeckt. Die Größe der Bauten wie auch die Anzahl der Gegenstände, die man innerhalb eines Grundrisses freilegte, deutete darauf hin, daß hier viele Familien zu Hause gewesen waren. Zwischen 1 500 und 3 000 Menschen hatten damals vermutlich in Real Alto gelebt und viele andere noch im Tal des Rio Verde.

In der wachsenden Ackerbaugesellschaft der Valdivia-Kultur entwickelte sich Real Alto mehr und mehr zu einem religiösen Zentrum, von dem aus die verstreuten Heimstätten auch regiert wurden. Nach den Grabungsergebnissen wurden die Hügel über die Jahrhunderte mehrfach vergrößert und bebaut. Wohl gegen achtmal wurde zum Beispiel ein Bau auf dem sogenannten Festhügel der ältesten Tempelstadt Amerikas neu errichtet. Sein Eingang lag nach Westen und war von dem Platz über Treppen zu erreichen. Von ihm aus blickte man hinüber zu einem »Tempel der Toten«. Vor dem zwei Meter breiten Eingang in der Mitte des Gebäudes lag eine Plattform, auf der eine Priesterin vermutlich vor den Augen der Menge heilige Bestattungs- und Opferzeremonien vollzog.

Unter der Schwelle des Tempels entdeckten die Archäologen ein Grab mit dem über 5 000 Jahre alten Skelett einer Frau. Der Boden des Grabes war bedeckt mit Mahlsteinen, die für die Maisbaukultur typisch sind. Unmittelbar neben der Frau aber fand man die Reste eines kräftigen Mannes. Kopf, Unterschenkel und Arme lagen auf dem Boden des Grabes, darüber war der Torso gebettet, und obendrauf lagen die Becken- und Oberschenkelknochen. Ein Stück von der Begräbnisstätte entfernt wurden in einem gemeinsamen Grab die Knochen von weiteren sieben Männern gefunden.

Diese älteste amerikanische Kultur beeinflußte, wie Architekten und Archäologen nachwiesen, alle Zivilisationen Altamerikas, die Mayas ebenso wie die Azteken, die Peruaner wie die Zivilisationen Mittelamerikas. Die nächste Kulturepoche, nach dem Fundort Chavin de Huantar in den peruanischen Anden Chavin-Kultur genannt, wird auf 1 200 v. Chr. datiert. Auf den keramischen Gefäßen ist hier immer wieder der Jaguar, der auch bei den Amazonen von Guayana große Bedeutung hatte, als das meistgeheiligte Tier dargestellt.

Während eines ganzen Jahrtausends sind die Amazonenreiche dann wie vom Erdboden verschwunden und leben nur in der Welt der Traditionen und Sagen weiter. Erst 3 500 Jahre nach der Chavin-Kultur, um 1 400 n. Chr., kommt es zur Ausprägung des Inkareiches, einer Männerkultur, die von einem *Sonnenkaiser* straff patriarchalisch regiert wird. Trotzdem gab es noch deutlich erkennbare Reste der Frauenherrschaft, vor allen Dingen die neben dem allmächtigen Sonnengott bestehende Verehrung der Mondgöttin Mamaquilla und die ihr gewidmeten Kulte und Bräuche. Außerdem gab es auch hier so etwas wie den alten »Matronenrat«, einen weiblichen Staatsrat der Mamacunas. Vor allem aber sichern sich die Frauen eine ganz unantastbare Stellung, die ihnen ermöglicht, als Geheimsekte weiter zu existieren: als Sonnenpriesterinnen der Inkas.

6.

FRAUENREICHE IN LATEINAMERIKA

Der Wohnsitz der Amazonen in Guayana soll eine geheimnisvolle Insel gewesen sein, die in der Nähe von Trinidad liegt, so erzählt man sich bei den Warrauas in Guayana. Nach einer Sage der Antillen, die wenige Jahre nach der Eroberung der Inseln aufgeschrieben worden ist, hat ein Gott, Guagugiana, die Frauen zum Aufstand gerufen: Verlaßt eure Männer, geht in andere Länder, wo es viele Schätze gibt. Sie folgen ihm und finden die Insel Matenino. Diese Insel ist in vielen Legenden der Antillen lebendig, es ist eine Insel ohne Männer. Die Frauen üben das Waffenhandwerk aus und besitzen wundervolle Rüstungen, Schmuck und andere Reichtümer.

Schon vor der Entdeckung Amerikas mußten also auch hier Amazonenaufstände von gewaltigen Ausmaßen stattgefunden haben, bevor sie sich so tief in Sage und Mythos festsetzen konnten.

Der ganze Kontinent, der schon fest in der Hand von Männergesellschaften war, als die ersten Weißen ihn betraten, brodelt in seinen abgelegenen Gegenden von nachhallenden Kämpfen und zähen Rückzugsgefechten, das ein ehemals mächtiges Matriarchat den Männern liefert – vom kältesten Nordamerika bis zum tiefsten Süden.

Die Nachrichten über Amazonen in der Gegend der heutigen Republik Kolumbien sind um mehrere Jahre älter als die aus Brasilien und stehen diesen an Wichtigkeit kaum nach. Johann de Sanct Martin und Antonio de Lebrija hörten schon im Jahre 1537 von ihnen. Aus der Bogotá-Gegend gab es ziemlich genaue Nachrichten über einen kleinen Weiberstaat der Kazika (= Herrin) Jarativa. Die Weiber herrschten hier uneingeschränkt, die Männer, gekaufte Sklaven, hatten neben den anderen Arbeiten auch die des Beischlafs bei ihren Gebieterinnen zu besorgen. Nach einer Version sollen die Weiber auch die Streitmacht dieses Staates gewesen sein; die Angaben der Eingeborenen sind aber offenbar widersprüchlich gewesen. Sümpfe und rauhe Berge hinderten Fernan Perez de Quesada, bis zu diesem Weiberstaat durchzudringen. Eine gute Beschreibung der Maniriguas, eines Amazonenvolkes jener Gegend, erhielt Pedro de Limpias von einem gefangenen Indianer. Die Nachrichten sind immer dieselben: Die Feinde der kräftigen, kriegerischen Weiber mußten dazu herhalten, während eines Waffenstillstands Kinder zu zeugen.

Die Weißen trafen die Indianergesellschaft oft an in typischen Übergangsformen zwischen Matriarchat und beginnender Männerherrschaft. Bei ihren Märschen kamen die Spanier mehrfach durch Staaten, in denen die Weiber augenscheinlich die Herrschaft über die Männer hatten. In jenen Provinzen, sagt Oviedo de Valdes, fanden die Spanier vielfach Völker, bei denen die Weiber Königinnen oder Kazikas und unbeschränkte Herrinnen waren, wo sie befahlen und regierten, und nicht ihre Männer. Einer namens Orocomay gehorchte ein Land von mehr als 30 Leguas um ihr Dorf herum. Sie war den Christen sehr freundlich gesinnt. Die Frauen waren ihr zu Diensten, und die Männer im Dorf und in der Umgebung ließ sie rufen, um ihnen etwas aufzutragen oder um sie in den Krieg zu schicken. Ihr Land war reich und gut bestellt. Als die Spanier hier eintrafen, war die Macht dieser Witwe bereits am Schwinden; ihr heranwachsender Sohn Perima schickte sich an, die Herrschaft zu übernehmen und behandelte seine Mutter ziemlich schlecht.

In diesen Übergangsgesellschaften gab es auch wieder die sogenannte »beschränkte Preisgebung«, die sexuelle Freizügigkeit der Frauen, die das typische Vorrecht der Herrschenden ist und die schon Herodot bei den Karern, Lydern, Lysiern, Babylonierinnen und Zypriotinnen aufgefallen war und Bachofen so entsetzte.

In Nicaragua gab es viele schöne Weiber, und die Väter hatten die Sitte, die Mädchen, sobald sie reif zum Heiraten geworden waren, hinauszuschicken, um etwas für ihre Heirat zu verdienen; und so durchzogen sie das Land und verdienten öffentlich, und nachdem sie genügend Aussteuer für ihr Haus und etwas mehr, um einen Handel anlegen zu können, zusammengebracht hatten, kehrten sie nach Hause zurück zu ihren Eltern, die sie verheirateten. Ihre Männer waren ihnen derartig unterworfen, daß sie sie aus dem Hause jagten, wenn sie sich über sie ärgerten, und sie sogar prügelten; sie ließen sich von ihnen bedienen, und sie mußten all das tun, was man von einem Diener verlangen kann. Wenn sie herausgeworfen waren, gingen die Gatten zu den Nachbarn und baten sie, doch bei ihren Weibern vorstellig zu werden, sie wieder aufzunehmen und ihnen weiter keinen Groll nachzutragen. Das taten nur die, welche sonst nicht wußten, wovon sie leben sollten. In Nicaragua war auch Sitte, daß, wenn ein Paar sich verheiraten wollte, der Oberpriester des Tempels in der Nacht vor der Hochzeit die Braut zu beschlafen hatte.

Die Entdeckung Kaliforniens, das man zunächst mit seinem mexikanischen Teil für eine Insel hielt, brachte neue Rätsel.

Zuerst waren die spanischen Eroberer nach Niederkalifornien gegangen, sie suchten einen Seeweg nach Indien und vor allem eine Insel, auf der ein sagenhaftes Amazonenvolk unter Führung seiner Königin Califia mit goldenen Waffen leben sollte. Das Reich der Califia war in einem seinerzeit vielgelesenen spätmittelalterlichen Ritterroman mit dem Titel »Die Heldentaten Esplandians« von dem Spanier Ordonez Montalvo beschrieben worden und ist *vor* der Entdeckung Amerikas erschienen.

Er handelte von den Abenteuern eines Prinzen, der zur Verteidigung Konstantinopels gegen einen Überfall des Perserkönigs ein Heer von Kreuzfahrern aus verschiedenen Völkern aufstellte. In dieser Erzählung kommt auch eine Insel vor, die im Westen von Indien liegen sollte und nur von schwarzen Frauen bewohnt wäre. Auf dieser Insel befände sich nicht ein einziger Mann, denn die

Frauen seien gewohnt, nach Art der Amazonen zu leben. Sie besäßen schöne kräftige Körper, außerordentliche Tapferkeit und Stärke. Alle ihre Waffen bestünden aus Gold, weil es auf der ganzen Insel kein einziges anderes Metall gab.

Auf dieser Insel Kalifornien regierte eine Königin von sehr hohem Wuchs, sie war die schönste vor allen, und ihr Name ist Califia. Tatsächlich fand man dann sowohl in Niederkalifornien und in der Gegend von Sialoa die Azteken, bei denen Frauen am Kriegsdienst teilnahmen und auch alte erfahrene Matronen in der Ratsversammlung, der Azteka, saßen. Auch sollen nach dem amerikanischen Autor Powers die Spanier bei der Entdeckung Oberkaliforniens in der Gegend des heutigen Mendocino County einen ganzen Amazonenstaat gefunden haben, und der Eroberer Juan Rodriguez traf in der Gegend südlich von Monterey eine regierende »Kazika«, die aber bereits eine Ausnahme war und einen Rest alter Frauenherrschaft darstellte, woraus Powers schließt, daß hier die Frauen in den Gemeinden ursprünglich die Oberhoheit gehabt hatten, zur Zeit der ersten weißen Eroberer aber bereits durch die Herrschaft der Männer abgelöst worden waren.

Am Golf von Kalifornien fand man erst im 19. Jahrhundert das Volk der Seri. Sie lebten in Kun-Kaks (= Frauenschaften) gegliedert und sehr zurückgezogen in primitiven Basthütten. Drang ein Fremdling in das unzugängliche Urwaldgebiet ein, wurde er getötet. So blieben sie lange unentdeckt. Erst dem Amerikaner McGee gelang es, einige dieser Eingeborenen in Mexiko zu befragen. Dabei erfuhr er folgendes: An der Spitze jeder dieser Sippen steht eine Mutter, die über ihre Töchter und Enkelinnen herrscht. Das Wort der Clan-Mutter war Gesetz, Männer, die einheiraten wollten, wurden harten Proben unterworfen, und so lebten sie für sich in einem Männerhaus. Ein Wort für »Vater« gab es nicht, weil ihnen der Begriff Vater unbekannt war. Diese Seri lebten noch auf einem sehr niedrigen kulturellen Niveau, denn außer Feuersteinspitzen für ihre Pfeile stellten sie keine Werkzeuge her.

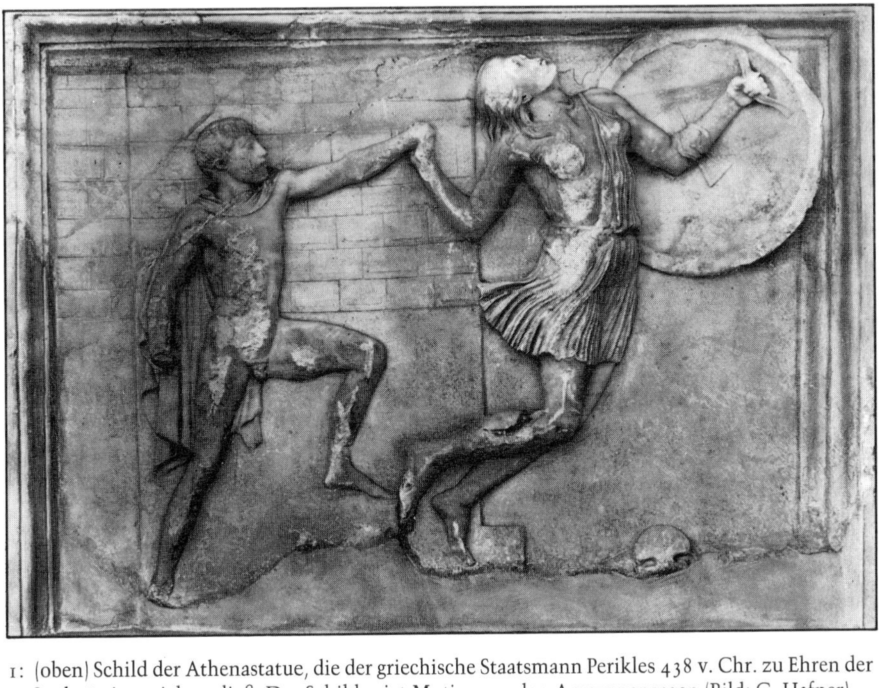

1: (oben) Schild der Athenastatue, die der griechische Staatsmann Perikles 438 v. Chr. zu Ehren der Stadtgöttin errichten ließ. Der Schild zeigt Motive aus den Amazonensagen (Bild: G. Hafner)

2: (unten) Relief aus dem Hafen von Piräus. Es zeigt einen Griechen und eine Amazone im Kampf. (Bild: G. Hafner)

3: Römische Kopie einer antiken griechischen Amazonenstatue. (Bild: G. Hafner)

4: Kopf der sterbenden Penthesilea. Die Büste befindet sich im Antikenmuseum in Basel. (Bild: G. Hafner)

5 und 6: Seitenansicht des Sarkophags Alexander des Großen (356–325 v. Chr.), Marmorarbeit eines attischen Künstlers aus Sidon. (Bild: Archiv f. Kunst und Geschichte, Berlin)

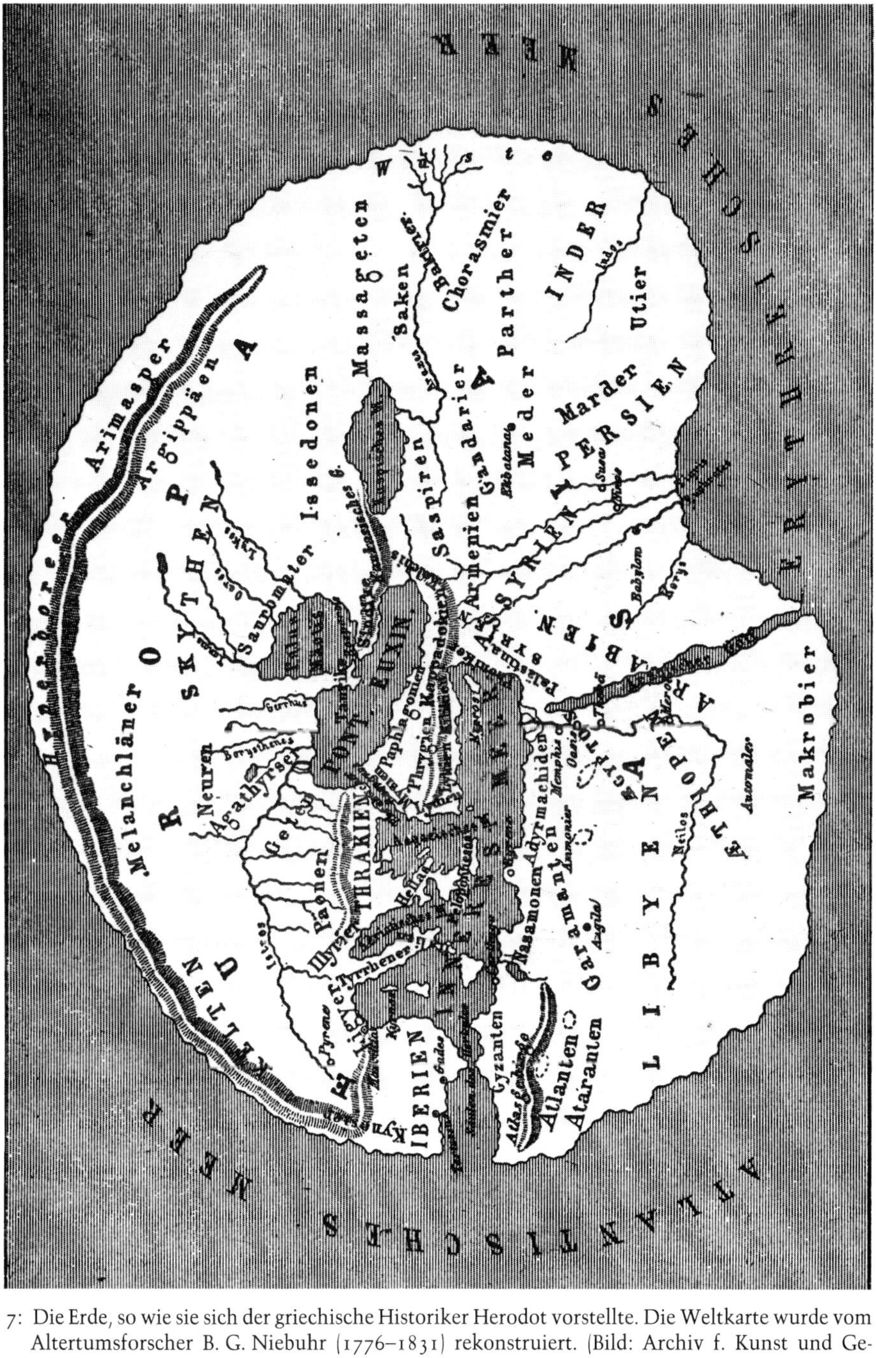

7: Die Erde, so wie sie sich der griechische Historiker Herodot vorstellte. Die Weltkarte wurde vom Altertumsforscher B. G. Niebuhr (1776–1831) rekonstruiert. (Bild: Archiv f. Kunst und Geschichte, Berlin)

8: Der griechische Historiker Herodot (484–425) (Bild: Archiv f. Kunst und Geschichte, Berlin)

9: Germane mit dem für seinen Stamm typischen Suebenknoten im Haar. Relief auf der Trajanssäule in Rom. (Bild: Archiv f. Kunst und Geschichte, Berlin)

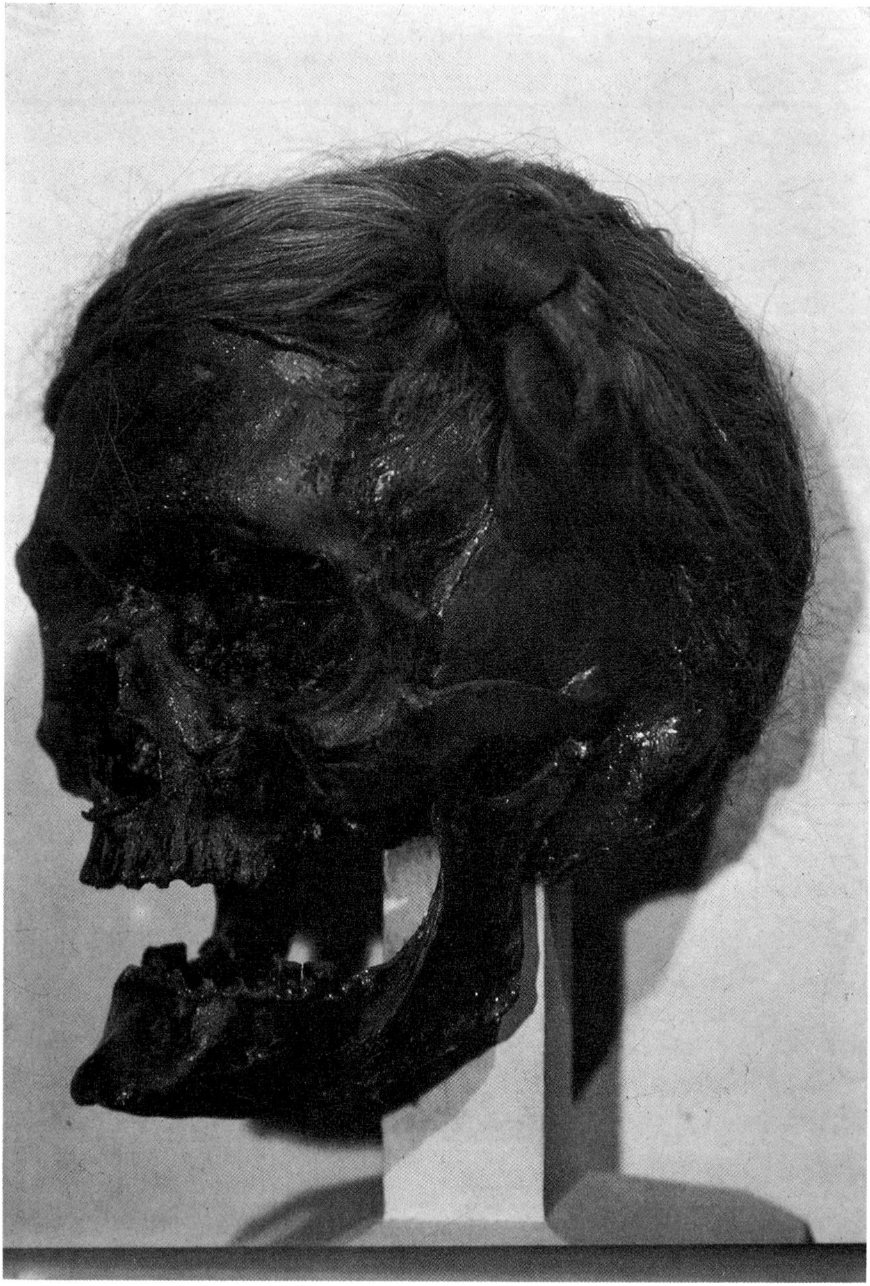

10: Kopf eines fünfzig- bis sechzigjährigen Germanen, im Moor um Kreis Eckernförde gefunden. Ihm war mit einem stumpfen Gegenstand die linke Schädelseite eingeschlagen worden. Ein kultisches Opfer?

Durch die schier undurchdringlichen Wälder geschützt, lebten sie unberührt von der benachbarten Hochkultur der Azteken in der frauenrechtlichen Organisation der Steinzeitgesellschaft. Die Hochkulturen standen, als die Weißen das Land betraten, schon unter Männerrecht, und Powers meint, daß die Frauenkulturen durch eine Art »Geheimbund der Männer« in Furcht und Untertänigkeit gehalten wurden.

Geheimbund der Männer – hier fällt das Stichwort zum erstenmal. Das bedeutet Ausschließung der Frauen von allen Versammlungen, von Entscheidungen über Krieg und Frieden, die Ehefrau als Eigentum, Unterdrückung der Frau durch Gesetze und Gewalt.

7.

EIN KÖNIGREICH HINTER ÄTHIOPIEN

Die Unzugänglichkeit der Gebirge wie Atlas, das Hochgebirge von Guayana und der Kaukasus, an dem der erste Mensch angeschmiedet worden ist, weil er den Göttern das Feuer stahl, boten den Amazonenvölkern auf ihrer Flucht Schutz.

Rassisch werden alle Amazonenvölker, auch die südamerikanischen, als Angehörige des kaukasischen Typs beschrieben, hellhäutig und groß sind die Inkapriesterinnen wie die libyschen Amazonen der Myrina.

Hellhäutig, sogar blauäugig sind ihre Nachkommen, die reinrassigen Berber, hellhäutig und blond waren die Guantschen auf den Kanaren, bis die spanischen Eroberer sie vollständig ausgerottet hatten. Bei den einzelnen Tuareg-Stämmen ganz oben im Atlas kennen nur die Frauen die altlibysche Schrift und die Kunst des Häuserbaus, die Männer gingen noch um 1930 verschleiert und waren Analphabeten.

In Afrika gab es zu Strabons Zeiten amazonische Rituale, die sich bis in das Kolonialzeitalter erhielten. Als die ersten arabischen und europäischen Entdecker und Eroberer Afrika betraten, stießen sie auf Priesterköniginnen, weibliche Kriegerinnen und sogar auf reine Amazonenreiche. Die Gager zogen überhaupt keine Söhne auf und vernichteten ganz im klassisch-amazonischen Stil jede männliche Geburt bis zur »Bekehrung« duch die Missionare, sie »erhielten von Königinnen ihre Verfassung, nahmen von Königinnen Gesetze an und machten unter Königinnen ihre größten Eroberungen«. Der arabische Schriftsteller Magrizi schildert die Bedscha, einen hamitischen Amazonenstamm zwischen Nil und Rotem Meer. Diese Frauen fertigten herrliche Lanzen an nach einem streng gehüteten Verfahren und töteten ihre Knaben bei der Geburt.

Die libysche Amazonentradition lebte, nach Jahrtausenden, überall in Afrika wieder auf. Über Äthiopien lieferten Klosterbrüder aus dem Gefolge portugiesischer Kolonisatoren die ersten Berichte.

Pater Francisco Alvares, der den portugiesischen Botschafter zum Kaiser von Äthiopien begleitete, schreibt:

»Man sagt, daß es am äußersten Ende der Königreiche von Damut und Gorage, nach Süden hin ein Königreich der Amazonen gibt. Dieser Name ist ungenau, denn diese angeblichen Amazonen haben im allgemeinen das ganze Jahr lang Ehemänner, sind immer mit ihnen zusammen und verbringen ihr Leben mit ihren Ehemännern. Sie haben keinen König, sondern eine Königin.

Sie ist nicht verheiratet, hat keinen Mann, aber dennoch hat sie Söhne und Töchter, und ihre älteste Tochter ist die Erbin des Königreiches. Man sagt, daß das sehr kriegerische Frauen sind und daß sie auf dem Rücken von Tieren kämpfen, die lebhaft, flink und stark wie Stiere sind; sie sind sehr gute Bogenschützen. Wenn sie klein sind, verbrennt man ihnen die rechte Brust, damit sie beim Bogenschießen nicht behindert werden. Man sagt, daß es im Lande dieser Amazonen viel Gold gibt, daß es aus diesem Land in das von Damut geht und von dort in zahlreiche Regionen. Man sagt, daß die Männer dieser Frauen keine Krieger seien und daß sie ihnen diese Tätigkeit erlassen.«

Auch Pater Joao dos Santos, der im Jahre 1506 als Missionar nach Äthiopien ging, glaubt an einen Amazonenstaat in der Nähe von Damut, in dem die Frauen sich der Jagd und dem Krieg widmen und die Männer die Hausarbeit versorgen. Auch ihnen ist als Kindern die rechte Brust mit glühendem Eisen verkümmert worden. Nur wenige dieser Frauen heiraten. Wenn eine jedoch ein Kind bekommt, so wird es, sobald es entwöhnt ist, dem Vater übergeben.

»Aber die meisten ahmen das Beispiel ihrer Königin nach, die im Stande ewiger Jungfräulichkeit lebt und von ihren Untertanen als Göttin angesehen wird; selbst die Herrscher der angrenzenden Territorien schmeicheln sich, gute Beziehungen zu ihr zu unterhalten, und verteidigen sie gegen jeden Angriff. Die Macht dieser Herrscherin macht sie zu einer zweiten Königin von Saba; ihre Autorität über ihre Untertanen ist grenzenlos, wie es der Patriarch Bermudes berichtet.«

8.

EIN AMAZONENREICH AM KONGO

Der italienische Reiseschriftsteller Antonio Cavazzi (Geschichte des westlichen Afrika) berichtet von einem gefürchteten und grausamen Stamm der Yaga im Kongo östlich von der heutigen Provinz Katanga.

Die Frauen der Yaga zogen mit den Männern in den Krieg, waren genauso tapfer und standen in dem Ruf, feurige Liebhaberinnen zu sein, die die Männer nach Belieben wechselten.

Der Häuptling Zingo hatte eine Tochter Tembandumba, die die Waffen beherrschte wie jeder Mann. Nach dem Tod ihres Vaters übernahm sie die Macht und eroberte ein großes Reich. Ihre Truppen, die ihr den Beinamen »unbezähmbare Löwin« gaben, fürchteten und bewunderten sie. Nachdem sie zahlreiche Mädchen frühzeitig zum Kriegsdienst ausbilden ließ, versuchte sie, einen Amazonenstaat zu gründen. Sie ordnete an, daß alle Kleinkinder männlichen Geschlechts getötet werden mußten, und ging mit eigenem Beispiel voran, indem sie auch ihr Baby tötete. Nach einem Gesetz soll diese Sitte 100 Jahre lang beibehalten worden sein. Von ihren Kriegsgefangenen suchten sich die Yaga-Frauen die stattlichsten als Liebhaber aus. Wie alle Yaga-Frauen war auch die Königin sexuell völlig unabhängig. Sie lehnte es ab, einen ständigen Liebhaber zu haben oder gar zu heiraten; sie brachte ihre Liebhaber um.

Einmal verliebte sie sich in einen ihren Heerführer namens Culembe, einen Krieger von ungewöhnlichem Mut und großer Kraft. »Ihre Liebesspiele«, so der Erzähler, »verliefen heftig und ungestüm.« Ihn heiratete Tembandumba, kurz darauf ließ sie auch ihn umbringen.

Zu Beginn des 17. Jahrhunderts herrscht die Königin Zingha im

Kongoreich Matamba im Südwesten des heutigen Kongostaates, sie unterhielt bereits Beziehungen zu den in Angola siedelnden Portugiesen.

Auch Angola hatte ursprünglich eine Königin, nach der die neue Kolonie benannt wurde: die Königin N'Gola hatte ihr Land im 15. Jahrhundert an der Spitze ihres Heeres heldenhaft gegen die Portugiesen verteidigt. Dieses Volk verehrte die Große Urmutter: Singa N'Gola.

Als die Kongokönigin Zingha aufwuchs, über die Cavazzi präzise Angaben macht, bestand die portugiesische Kolonie schon lange.

Zingha wurde 1585 als Tochter einer Nebenfrau des Königs Matamba geboren und von ihrem Vater sorgfältig in allen Disziplinen erzogen. Schon früh hatte sie viele Liebhaber, die sie nach Belieben wechselte.

Als sie eines Tages zu Verhandlungen mit den Portugiesen geschickt wurde, läßt sie sich taufen, kehrt aber bald wieder zum Heidentum zurück. Nach dem Tod ihres Vaters und nach dem Sieg der Portugiesen über ihren Bruder übernimmt sie die Macht und läßt sich, wahrscheinlich aus machtpolitischen Gründen, 1625 wieder taufen und regiert bis 1660.

In der Zeit ihres heidnischen Lebens bis 1625 versucht sie auch in Matamba ein Amazonenreich zu gründen. Sie tötet ihre männlichen Geschwister und befiehlt die Tötung aller männlichen Neugeburten. Sie führt ein ausschweifendes Leben, und man erzählte sich, daß sie ihre Liebhaber nach der Umarmung erwürgt haben soll.

Sie spielt die Portugiesen in Verhandlungen gegen die Holländer aus, und es gelingt ihr, immer neue Nachbarstämme zu unterwerfen. *»Diese Königin«*, berichtet Cavazzi, *»schien geradezu für den Krieg geboren zu sein. Sie eilt an der Spitze ihrer zahlreichen Truppen von Provinz zu Provinz und hinterläßt überall Zerstörung wie ein reißender Strom, den nichts aufzuhalten vermag.«*

Sie demonstriert öffentlich ihre körperliche Tüchtigkeit, versammelt ihre Krieger und Kriegerinnen, stellt sich auf einen kleinen Hügel, spannt einen riesigen Bogen und schießt mit großer Kraft und Zielsicherheit einen Pfeil ab. Dann ruft sie ihren Untertanen zu: Wer von euch ist mutig und stark genug , daß er mir zu widerstehen vermag?

Wie alle Amazonen trägt sie Pfeil und Bogen, den Wurfspeer und auch die Streitaxt und wünscht, daß die Frauen ihres Palastes in allen Waffenkünsten geübt sind, damit sie sich auch als Herrinnen im Kriege fühlen können. Dem christlichen Pater Antonius entgegnet sie, als er ihre Kraft und ihre Geschicklichkeit lobt, jetzt wäre sie schon alt, aber in ihrer Jugend habe sie 25 Männer mit der blanken Waffe in Schach halten können.

9.

FRAUENREICHE ÜBERALL IN AFRIKA

Bei den Ureinwohnern der Kanarischen Inseln, den Guantschen, kämpften Frauen Seite an Seite mit ihren Männern, und von einer anderen afrikanischen Insel, Socotra, berichtet der Eroberer Tristan da Cunha, daß die Frauen tapfer sind und wie die Männer in den Krieg ziehen. Fremden, die die Insel betreten, geben sie sich zwanglos hin, um mit ihnen Kinder zu haben.

Der portugiesische Händler und Naturforscher Duarte Lopez, der auch Botschafter beim König von Kongo war, schildert das ausgedehnte Reich von Monomotopa, das im Gebiet des heutigen Zimbabwe lag.

»Seine äußerst zahlreichen Einwohner sind unzivilisiert und heidnisch, sehr mutig im Krieg; sie haben schwarze Haut, sind von mittlerem Wuchs und laufen sehr schnell. Der Kaiser hat mehrere Armeen, die getrennt in den verschiedenen Provinzen untergebracht und wie bei den Römern in Legionen eingeteilt sind. Er ist gezwungen, ständig Kriege zu führen, um seinen Staat aufrechtzuerhalten.

Unter den Truppen, von denen wir sprechen, sind die, die als die tapfersten gelten und die das Rückgrat der Streitkräfte des Königs sind, die Frauenlegionen. Der Herrscher schätzt sie sehr. Die Kriegerinnen verbrennen sich die linke Brust, um nicht behindert zu sein, wenn sie mit dem Bogen schießen; sie folgen so dem Brauch der ganz alten Amazonen, die von den Geschichtsschreibern der ersten Berichte so sehr gefeiert worden sind. Als Waffen haben sie Pfeil und Bogen; sie sind sehr gewandt und schnell, stark und mutig, sehr geschickt beim Bogenschießen und vor allem sicher und zuverlässig im Kampf.

In den Schlachten zeigen sie auch kriegerische List. Sie haben die Taktik, sich zurückzuziehen, als flöhen sie, um eine Niederlage vorzutäuschen, aber sie kehren oft zurück und überhäufen den Feind mit einem Regen von Pfeilen. Wenn sie sehen, daß die Feinde, vom Sieg verlockt, sich zerstreut haben, kehren sie plötzlich mit viel Kühnheit zurück und metzeln sie nieder.

Ihre Schnelligkeit, ihre Hinterhalte und ihre anderen Kriegslisten machen sie in diesen Gegenden sehr gefürchtet. Sie haben vom König die Rechte über gewisse Territorien erhalten, wo sie für sich leben. Zu gewissen Zeiten treffen sie sich zur Fortpflanzung mit den Männern, die sie nach ihrem Geschmack ausgewählt haben. Wenn sie männliche Kinder zur Welt bringen, schicken sie sie den Männern zurück; wenn es Mädchen sind, behalten sie sie bei sich, um sie im Kriege zu üben.«

Dieser Amazonenstaat im Staate scheint, obgleich er innerhalb einer Männergesellschaft entstand, alle Eigenheiten amazonischer Tradition bewahrt zu haben.

10.

DIE AMAZONEN VON DAHOME

Die Kriegerinnen von Dahome waren die letzten amazonischen Frauen in Afrika, die bis zur Eroberung von Dahome durch die Franzosen im Jahre 1894 die Elitetruppen des afrikanischen Königreiches bildeten und über die es die meisten Informationen gibt.

Der Engländer John Duncan berichtet in seinem Buch »Reisen durch Westafrika 1845/46« von den Eliteregimentern, die offenbar schon seit dem 17. Jahrhundert bestanden.

»Der König von Dahome hat aus den über 20jährigen ausgeschiedenen Frauen seines Harems 10 Regimenter zu 600 Köpfen, also zusammen ein Heer von 6 000 Weibern gebildet. Das Garderegiment, dessen Übungen der Berichterstatter beiwohnte, wird von der Lieblingsfrau des Königs angeführt. Sie scheren den Kopf ganz oder teilweise, tragen blau- und weißgestreifte Kleider ohne Ärmel, die bis zum Knie reichen, kurze Beinkleider, eine Patronentasche am Gürtel, einen kurzen Säbel, eine Art Keule und ein langes dänisches Gewehr. Bei der Übung sang zuerst das ganze Regiment ein Gedicht zum Ruhme des Königs. Nach diesem darf jede vor die Front vortreten und ihre Treue für den König aussprechen; sowie die eine sich zurückzieht, tritt die andere an die Stelle, so daß die Heerschau eines einzigen Regiments oft drei Stunden dauert. Dann werfen sie sich zu Boden, wobei sie das Gewehr auf den Rücken nehmen, und kratzen den Staub auf, welcher, da er von roter Farbe ist, ihnen ein furchtbares Ansehen verleiht.«

In Wirklichkeit waren die Kriegerinnen keine »ausrangierten« Angehörige des Harems, sondern »königliche Gemahlinnen«, deren Jungfräulichkeit ebenso streng gehütet wurde wie die der »Bräute Christi«, der christlichen Nonnen. Später durften die ausgemusterten Kriegerinnen verdiente Soldaten und Häuptlinge heiraten.

Seit dem 16. Jahrhundert erweiterte sich das Territorium von Dahome systematisch. Ganze Nachbarvölker wurden von ihnen vernichtet. Kriegsgefangene wurden zu Arbeitssklaven gemacht oder als Menschenopfer bei den Staatsfesten dahingeschlachtet.

Eine Besonderheit in Dahome war die Regelung der Nachfolge des Königs. Söhne von Frauen königlichen Blutes blieben nämlich von der Thronfolge ausgeschlossen, weil sie keinen sexuellen Einschränkungen unterworfen waren. Der König konnte mit Recht an seiner Vaterschaft zweifeln. Der Nachfolger wurde über den erstgeborenen Sohn bestimmt, und zwar wies der König dem Kronprinzen 10 bis 20 Frauen zu. Unter den aus diesen Verbindungen hervorgegangenen Söhnen wählte der König unter Beachtung des Orakels einen Nachfolger aus.

Der König verließ seinen Palast nie. 700 bis 800 Frauen waren unaufhörlich damit beschäftigt, ihn zu unterhalten und zu erfreuen.

Die Frauen des Königs wurden in »Leopardenfrauen«, die besondere Vorrechte genossen, und »Königsfrauen« eingeteilt. Die Königsfrauen hatten den Herrscher bei Tisch zu bedienen. Täglich wurden die Leibgerichte der verstorbenen Könige zubereitet, von jedem hatte der König zumindest eine Kostprobe zu nehmen.

Hohes Ansehen genoß die Mutter des Königs. Starb die leibliche Mutter, übernahm eine ältere Frau ihre Rolle. Eine besondere Kaste bildeten die über 10 000 männlichen Angehörigen der Herrscherfamilie, die sich aus der Vielzahl der Frauen des Königs und der Prinzen erklären läßt. Die Prinzen blieben zwar von den hohen Ämtern ausgeschlossen, erhielten aber reichlich Land und Frauen.

Dahome war wohl der grausamste afrikanische Staat. Morde und Quälereien an wehrlosen Opfern ziehen sich durch die Geschichte. Auch die Kreuzigung wurde als Hinrichtungsart eingeführt. Zur Unterhaltung des Volkes organisierte man sogar öffentliche Massenmorde. Der Thron des Königs ruhte auf den Schädeln besiegter Häuptlinge.

Im 19. Jahrhundert wurde Dahome von den Yorubas abhängig und mußte Tribut zahlen. Vor allem König Gezo (1818–1848) versuchte diese Last mit Hilfe von Frauenregimentern abzuschütteln. Das erste »Amazonenkorps«, das ursprünglich nur für die Elefantenjagd zusammengestellt worden war, soll angeblich nur aus Frauen des Königs bestanden haben. Als sie sich im Kampf gegen die Yorubas bewährt hatten, stellte der König ein weiteres Regiment von 1600 Frauen auf. Bald kamen zwei zusätzliche Einheiten hinzu.

Von den Kriegerinnen von Dahome berichtet schon der Engländer Snelgrave 1727; andere Schriftsteller nahmen sogar an den Vorbeimärschen und Manövern dieser Kriegerinnen teil, und zwar 1745 und 1772.

Um 1780 unterwarf König Adonozan an der Spitze eines Heeres von 800 Frauen zwei seinem Reich benachbarte Stämme. Offiziell wurde das Frauenkorps dann 1815 in der Regierungszeit des Königs Gezo gegründet und erhielt den Namen »ahosi« (= Frauen des Königs). Unter der Regierung von Gezo wurden nun die Frauen des Landes regelrecht rekrutiert, das heißt, die Mädchen wurden für ihre Eignung zur amazonischen Kriegerin »gemustert«.

Der Engländer Richard Burton beschrieb sie 1864 in seinem Buch »A mission to Gelele, king of Dahome«: *»Größe und Knochenbau dieser Frauen sowie die Entwicklung ihrer Muskeln bewirken, daß man ihr Geschlecht oft nur erkennen kann, wenn man auf ihren Busen blickt. Sie sind sich ihres Wertes und ihrer Kraft bewußt, haben einen ungezwungenen und kühnen Gang und legen ein verwegenes Gebaren an den Tag; während der Zeremonien schlagen sie mit verwegener Miene auf ihre Brüste. Auf Grund ihrer starken Muskeln handhaben sie die schweren Gewehre mit Leichtigkeit. Im Nahkampf mit dem Säbel und der Streitaxt leisten sie Hervorragendes; ihre Behendigkeit dabei ist überraschend, und ihre Muskelkraft übertrifft eindeutig die ihrer Feinde. Sie entwickeln ei-*

ne ungewöhnliche körperliche Fähigkeit, denn ihre gleichsam stählernen Kniekehlen ertragen schier endlose Märsche.

Die jüngsten sind oft sehr schön. Viele jedoch werden mit zunehmendem Alter dick. Nach mehrjährigem Einsatz bekommen sie eine rauhe Stimme. Sie tragen eine kurze Hose, die ihnen bis zum Knie hinabreicht, und eine Art blauen Rock darüber. Ein Stück Stoff bedeckt Schultern und Brust und wird in der Taille durch die Patronentasche gehalten. Auf dem Kopf sitzt eine weiße Mütze, an der ein dunkles Stoffstück festgenäht ist, das ein Tier darstellt.

Die Ausbildung der Kriegerinnen zielt darauf ab, sie abzuhärten und ihren Kampfgeist zu stärken, und zwar sowohl in physischer wie auch in psychologischer Hinsicht.«

In ihnen wurde das Gefühl erzeugt, nicht nur schön und stark, sondern besser als Männer zu sein.

»Wir sind keine gewöhnlichen Frauen, wir sind nicht wie Männer, wir sind stärker als die Männer, wir sind Furien, Panther.«

Richard Burton, der vor über 100 Jahren lebte und nichts von den späteren Theorien Freuds wissen konnte, war der Ansicht, daß das absolute Keuschheitsgebot dieser Frauen ihre sexuellen Energien in kriegerische Aggressionen umsetzte.

Die Elitefrauen waren groß und so kräftig, daß sie mehrere Tage lang Lasten von 50 bis 60 Kilogramm auf dem Kopf tragen konnten. Sie wurden ständig militärisch trainiert, kämpften nicht nur mit primitiven Steinschloßgewehren, sondern vor allem mit schweren Krummsäbeln und Streitäxten. Bei Paraden durften sie ihr Können zur Schau stellen.

Diese Paraden wurden von europäischen Reiseschriftstellern oft beschrieben, die alle von den Amazonen von Dahome beeindruckt waren.

Sie marschierten getrennt von den männlichen Soldaten und übertrafen diese bei weitem an Disziplin und Präzision, angeblich trugen viele dabei den »Skalp« eines getöteten Feindes mit sich. Es folgten Ansprachen des Königs und der Komandantinnen des Frauenkorps. Dann begann, nach dieser Nachahmung europäischer militärischer Aufmärsche, gewissermaßen der afrikanische Teil: Die Amazonen von Dahome führten Kriegstänze auf, die dem altgriechischen Kriegstanz Pyrrhiche verblüffend ähnelten: In immer schneller werdendem Tempo werden scharfe Waffen geschwungen bei immer heftigerem Rhythmus. In Dahome schwangen die Amazonen mit atemberaubender Schnelligkeit große Streitäxte, gelegentlich auch scharfe Dolche. Diese Kriegstänze dauerten oft stundenlang, ohne daß man den Frauen irgendein Zeichen von Ermüdung ansah.

Wie viele Kriegerinnen es gab, ist unsicher. Um 1850 waren es nach Wilmot 10000, nach Duncan 6000, und die Schätzung Burtons belief sich nur auf 2500. Im 18. Jahrhundert wurden 1000 bis 2000 Kriegerinnen vermutet.

Als Gezo 1815 das Kriegerinnenkorps offiziell einführte, stieg ihre Zahl mit Sicherheit, vielleicht auf 10000; um 1850, vor dem ersten Feldzug gegen die Egba, soll es noch 7000 bis 8000 Kriegerinnen gegeben haben. Die schweren Verluste, die die Amazonen von Dahome damals erlitten haben, verringerten die Zahl vor dem zweiten Feldzug im Jahre 1863 auf 3000 oder 4000.

Die Belagerung von Abeokuta 1860 reduzierte die Stärke des Frauenkorps auf etwas unter 3000. Dies scheint auch die Truppengröße 1890, also unmittelbar vor der Eroberung des Landes durch die Franzosen, gewesen zu sein.

Die Amazonen von Dahome hatten Spezialeinheiten, in denen die größten und stärksten Kriegerinnen zusammengefaßt wurden. Es gab die *Rasiermesserkriegerinnen,* die besonders kräftig waren und den Feind erschrecken sollten; sie trugen Rasiermesser mit einem 60 Zentimeter langen Heft und einem 45 Zentimeter langen Messer, das durch Federn befestigt war; die *Elefantenjägerinnen,* die wegen ihres Mutes berühmt waren; 20 von ihnen erlegten einmal sechs Elefanten mit einem einzigen Hagel von Pfeilen und gaben ihnen dann mit einem Messerstich hinter das Ohr den Tod; und schließlich die *Bogenschützinnen.* Diese waren eher ein Paradekorps in auffallenden Gewändern. Im Krieg wurden sie als Spähtrupp und zu Aufklärungs- und Botendiensten eingesetzt. In der Infanterie dienten zarter gebaute und weniger muskulöse Frauen; sie waren aber ebenfalls hervorragende Kriegerinnen.

Den Oberbefehl über die Kriegerinnen hatten eine Generalin und weibliche Offiziere, welche die gleichen Titel- und Rangbezeichnungen führten wie ihre männlichen Kollegen. Beförderungen erfolgten fast nur als Belohnung für Heldentaten.

Zu Beginn errangen sie einen Sieg nach dem anderen, und die Nachbarvölker waren verblüfft und gedemütigt zugleich, daß sie so häufig von Frauen besiegt wurden. Zwischen den eigentlichen Kriegen unternahmen sie Beutezüge auf angrenzende Gebiete und nächtliche Überfälle auf Dörfer:

Absolut lautlos pirschten sie sich heran, und mit dem Schrei »Dahome« stürmten sie vorwärts, töteten diejenigen, die Widerstand leisteten, banden den übrigen die Hände und nahmen sie als Gefangene oder Sklaven mit.

Die meisten Einzelheiten gibt es über ihre letzten Kriege. Die Frauen, die vor allem auf den Nahkampf gedrillt worden waren, stießen nun auf einen mit Feuerwaffen gut ausgerüsteten Feind.

Als Dahome im Jahre 1851 die Egba angriff, die sich in der Stadt Abeokuta verschanzt hatten, trafen sie auf eine stark befestigte, fast uneinnehmbare und zudem mit guter Artillerie ausgerüstete Siedlung. Die Kriegerinnen vollbrachten wahre Wunder an Heldenmut und Tapferkeit. Sie kletterten den steil aufragenden Felsen bis zu den Mauern der Stadt empor und richteten dort ein furchtbares Gemetzel an. Selber schwer verwundet, kämpften sie unermüdlich weiter. Es ging um Leben und Tod, um Sieg oder Vernichtung, so hatte Gezo sie gedrillt. Aber die Egba rissen ihren ganzen Mut zusammen, sie setzten ihre überlegene Artillerie ein, und der Angriff wurde unter schweren Verlusten zurückgeschlagen.

Im Jahre 1864 wagte Glele, Gezos Sohn und Nachfolger, einen erneuten Angriff gegen die Egba in Abeokuta. Noch einmal zeigten die Kriegerinnen sich im Nahkampf überlegen, aber die Artillerie der Egba überragte die von Dahome bei weitem. In einem erbitterten Sturmangriff der Dahome-Kriegerinnen, bei dem sie sogar große Steine schleuderten und eine von ihnen den feindlichen Truppen sogar sechs Gewehre entriß, gelang es ihnen, bis zu den Stadtmauern vorzudringen und diese an einer Stelle zu erklettern. Doch die Egba erhielten Verstärkung und zwangen die Dahomeerinnen durch massiertes Infanterie- und Artilleriefeuer zum Rückzug.

1890 fanden in der Nähe von Cotonou Kämpfe zwischen Dahomeern und Franzosen statt; dabei wurden mehrere Kriegerinnen getötet. Am 4. März wurde eine in dem Augenblick gefangengenommen, als sie ein von den Franzosen besetztes Gebäude in Brand stecken wollte. Am 17. April 1890 kam es zu einem folgenschweren Gefecht; die Franzosen wurden in einen Kampf mit den Kriegerinnen verwickelt, deren wilde Entschlossenheit, Draufgängertum, Schnelligkeit und Aktivität die französischen Offiziere immer aufs neue in Erstaunen versetzten. In der Nähe von Ponto Novo nahmen an einer Auseinandersetzung 3500 mit Verbissenheit kämpfende Kriegerinnen teil. Nur die waffentechnische Überlegenheit der Franzosen brachte ihnen den Sieg.

Wenig später war Dahome französische Kolonie und die Zeit der Amazonenkriegerinnen vorbei. Wenig später waren sie verschwunden, aufgegangen in einer Männergesellschaft, die für Amazonen keine Verwendung mehr hatte.

D.

NACHKLANG DER JAHRHUNDERTE

1.

FRAUENRECHT IN DEUTSCHLAND

1977 machten Prähistoriker in Stockholm eine sensationelle Entdeckung. Jahrzehntelang hatten im Historischen Museum Hunderttausende Schweden und ausländische Besucher den »Jäger von Barum« (benannt nach dem südschwedischen Fundort) bewundert, einen Steinzeitmenschen, der ungefähr 8 000 Jahre alt ist und einen Speer in der Hand hält. Jetzt ergab eine knochenkundliche Untersuchung, daß der »Jäger von Barum« eine Frau mittleren Alters war, die bereits mehrere Geburten hinter sich hatte.

Inzwischen haben Moorleichenfunde in Norddeutschland bewiesen, daß die bewaffnete Frau bei den Germanen durchaus keine Seltenheit war, auch noch, als die Ackerbau- und Viehzüchterkultur voll ausgeprägt war, um ca. 300 v. Chr., zur Zeit Alexander des Großen etwa. »Moorleichen« bei einem Dorf in Mecklenburg ließen diesmal sehr deutlich erkennen, daß junge Frauen gefunden worden waren. Das Moor hat unter bestimmten Umständen eine konservierende Wirkung, die der Mumifizierung durch Einbalsamierung in nichts nachsteht. Sie waren buchstäblich mit Haut und Haar erhalten, mit Kleidung und Lederzeug; eine Verwechslung der Geschlechter war ausgeschlossen. Es handelte sich um eine ganze Kampfgruppe, die offensichtlich im Krieg zwischen zwei Stämmen gefallen und im Moor versunken war, denn alle hatten mehr oder weniger schwere Verletzungen. Acht Männer und drei junge Frauen wurden gefunden; sie waren mit Speeren, Schwertern und Schilden bewaffnet, die Frauen trugen noch Pfeil und Bogen.

Aus dem ewigen Grab des Moors stiegen noch weitere Mädchen an Tageslicht. Man fand, ebenfalls in Mecklenburg, zwei weitere Mädchen von 18 bis 20 Jahren, die gleichfalls im Krieg den Tod gefunden hatten. Auch sie waren mit Speer, Schwert, Schild und Pfeil und Bogen ausgerüstet. Der Ausgräber und Entdecker Alfred Dieck berichtet, daß bei einer der Mooramazonen sogar eindeutig das Jungfernhäutchen nachweisbar war. Diese körperliche Unberührtheit eines kämpfenden Mädchens könnte eine besondere kultische Bedeutung gehabt haben, wie man sie aus vielen antiken Berichten über die Amazonenvölker kennt.

Die im Moor gefundenen Mädchen glichen in allem den Kampfmaiden der germanischen Sagen, die sicher schon eine sehr lange mündliche Tradition hatten, als sie endlich im 13. Jahrhundert in der »Edda«-Sage zum erstenmal aufgeschrieben wurden. Da waren die germanischen Amazonen freilich schon zu überirdischen Kriegerinnen geworden, die dem Götterpatriarchen dienten und nach der Schlacht die Gefallenen nach Walhalla geleiteten.

Hier in Mecklenburg fanden die Geschichtsforscher und Archäologen aber keine sagenhaften Walküren, sondern durchaus irdische Kriegerinnen. Die bisherigen Vorstellungen von der germanischen Männergesellschaft mußten überprüft werden.

Dabei hätte die Überraschung eigentlich gar nicht so groß sein dürfen, wenn die oft zitierte Bibel der deutschen Frühgeschichtsforschung und zum Schulpensum der Gymnasiasten gehörende »Germania« des Tacitus nur aufmerksam gelesen worden wäre. Hätte man die einzelnen Bemerkungen von Tacitus im Zusammenhang gesehen, hätte man Frauen in Waffen geradezu erwarten müssen. Nicht nur dieses Zeichen weiblicher Gleichberechtigung, sondern nahezu alle anderen Attribute einer bronzezeitlichen Frauenherrschaft lassen sich nämlich aus der »Germania« herauslesen. Aber die Forschung schien auf ein bestimmtes Bild von der germanischen Frau fixiert zu sein, das sie als Hausmutter und Hüterin des Herdes und der Ehe zeigte. Die zahlreichen Hinweise bei Tacitus, die auf eine Frauenherrschaft und sogar auf Amazonen hinwiesen, wurden einfach übersehen. In den während der letzten Jahre erschienenen Sachbüchern über Germanien wird die germanische Göttin *Nerthus* überhaupt nicht erwähnt. Nerthus ist noch zu Zeiten von Tacitus die Hauptgöttin der Germanen östlich der Elbe, sie ist nichts anderes als die Große Mutter und Fruchtbarkeitsgöttin, mit der gleichen Bedeutung wie Ischtar und Inanna!

Vor dem kriegerischen Mut, der fanatischen Wildheit der Germanenfrauen hatten schon römische Chronisten 102 und 103 v. Chr. nach den Schlachten gegen die Kimbern und Teutonen voller Entsetzen berichtet. Das Wort vom »furor teutonicus«, der deutschen Wut, war nicht zuletzt den germanischen Frauen zu verdanken, die Seite an Seite in vorderster Linie mit ihren Männern kämpften und zum Teil noch standhielten, als die Männer schon flüchteten.

»Manche Schlachtenreihe, die schon ins Wanken geraten war oder zurückflutete, haben die Frauen wieder zum Stehen gebracht. Sie flehten ihre Männer an, hielten ihnen ihre nackten Brüste entgegen, schrien ihnen zu, ob sie denn nicht wüßten, was ihnen in der Gefangenschaft drohe. Denn Sklaverei fürchteten die Germanen weit weniger für sich selbst als für ihre Gefährtinnen.«

In der Geschichte wie in der Folklore wird häufig erwähnt, daß Frauen ihren Busen oder ihr Geschlechtsteil entblößten. Mit dieser Geste sollten kämpfende Männer ermutigt, Deserteure und Ausreißer aber beschämt werden, die Gebärde bedeutete dann: Kehr zurück in den Bauch deiner Mutter! Den Gegner sollte die Entblößung entmutigen oder verblüffen. In einer Legende der Kaukasus-Awaren kommt eine Prinzessin vor, die ihren Freiern einen Kampf auferlegt. Im Laufe des Kampfes zeigt sie plötzlich ihre Brust. Der Gegner fällt in Ohnmacht, sie schneidet ihm den Kopf ab. Nach einer Phase friedlicher Beziehungen zwischen Römern und Germanen wurden zu Cäsars Zeiten wieder blutige Schlachten gegen die germanischen Heere in Gallien geschlagen, Teile des süddeutschen Raumes und des Alpenvorraums erobert und schließlich eine römische Provinz Germanien mit der Provinzhauptstadt Köln geschaffen. Eine weitere Vorverlegung der römischen Grenze bis an die Elbe wird durch den Sieg Hermann des Cheruskers über die Römer im Teutoburger Wald für immer gestoppt. Jetzt entwickelt sich bis zu den großen Eroberungszügen der Germanen der Völkerwanderungszeit eine Art friedlicher Koexistenz zwischen Römern und Germanen. Man unterhält Handelsbeziehungen, besonders Westgermanien übernimmt viel von römischer Zivilisation und Kunstfertigkeit, auch römische Sitten. Das Land jenseits der Elbe aber ist zum Zeitpunkt, da der römische Staatsbeamte und Schriftsteller Tacitus seine »Germania« veröffentlicht, noch ein gänzlich unbekanntes Terrain. Über dieses in den Augen der Römer barbarische und rätselhafte Land berichtet Tacitus nach mehreren Reisen. Seine Beobachtungen sind weit mehr als eine Reisebeschreibung. Sie werden zu einer beißenden Polemik gegen den Verfall der römischen Sitten.

Im Gegensatz zu seinen »verderbten und verweichlichten« Landsleuten bewundert der Ex-Konsul in fast idealisierender und voreingenommener Weise die Treue, Tapferkeit, Einfachheit, Genügsamkeit und den unbeugsamen Gerechtigkeitssinn der Germanen. Nur die Stellung und Beachtung der germanischen Frauen ist ihm unverständlich und zuwider. Zwar rühmt er an ihnen Sittenreinheit, eheliche Treue und edle Vornehmheit, die er der Zuchtlosigkeit und Verdorbenheit der Römerinnen gegenüberstellt. Doch gerät der Sohn eines durch und durch patriarchalischen Staates völlig aus der Fassung, wenn er von Sitten, Bräuchen und religiösen Kulten berichten muß, die seiner Seele widerstreben.

Dieses Volk hält seine Ratsversammlungen nur bei Vollmond ab, liest man zunächst. Den Frauen bleibt nicht nur die Hausarbeit, sondern auch die gesamte Feldarbeit überlassen. Der Mann führt Kriege und geht zur Jagd. Die Arbeitsteilung aus dem Übergang von der Jäger- zur Ackerbaugesellschaft ist offenbar noch erhalten geblieben. Gekleidet sind die Frauen nicht anders als die Männer, nur hüllen sie sich öfter in ärmellose Umhänge aus Leinen, die mit Purpurstreifen verziert sind.

Im Gegensatz zu fast allen anderen Barbaren begnügen sich die Germanen grundsätzlich mit einer Frau. Und nicht die Frau bringt dem Mann die Mitgift, sondern umgekehrt. Eltern und Verwandte prüfen sorgfältig die Geschenke, die aus Rindern, einem gezähmten Roß, einem Schild und einem Schwert bestehen. Erhält der Mann die Frau, schenkt die ihm nun ihrerseits eine Waffe. Darin ist eine geheime Weihe, ein göttlicher Schutz der Ehe zu sehen. Die Frau soll nicht befürchten, sie stünde außerhalb, wenn Mühen und Gefahren zu bewältigen sind. Sie teilt mit ihrem Mann das Glück im Frieden, und wenn es gilt zu kämpfen, steht sie an seiner Seite. Es gibt keine lüsternen Schauspiele und aufreizenden Gelage, und heimliche Briefe sind den Männern ebenso unbekannt wie den Frauen. Trotz der hohen Bevölkerungszahl ist Ehebruch äußerst selten, denn *»dort lacht nämlich niemand über Ausschweifungen, und verführen und sich verführen lassen nennt man nicht ›modern‹«.*

Als Relikt aus der Zeit des Matriarchats kann angesehen werden, daß die Söhne der Schwestern dem Onkel ebenso lieb sind wie dem eigenen Vater. *»Manche Stämme halten diese Blutsbande für heiliger noch und enger und geben ihnen den Vorzug, wenn sie Geiseln empfangen, da man sich so die Herzen fester und die Sippe in weiterem Umfang verpflichte.«*

Einige Stämme, erwähnt Tacitus beiläufig, verehren die Isis. Die Völker jenseits der Elbe, die Sueben, müssen einen ähnlichen Kult gehabt haben wie die Ägypter, dessen Ursprung sich Tacitus nicht erklären konnte. Aber das Zeichen der Göttin sehe aus wie eine Barke.

Später schreibt Tacitus, die Suebenstämme verehrten die Nerthus, die Erdmutter. Diese Göttin fährt einmal im Jahr, im Frühling, auf einem großen barkenähnlichen Wagen zu den Stämmen:

»Es gibt auf einer Insel des Weltmeeres einen heiligen Hain, und dort steht ein geweihter Wagen, mit Tüchern bedeckt; einzig der Priester darf ihn berühren. Er bemerkt das Eintreffen der Göttin im

Allerheiligsten; er geleitet sie in tiefer Ehrfurcht, wenn sie auf ihrem mit Kühen bespannten Wagen dahinfährt. Dann folgen frohe Tage; festlich geschmückt sind alle Orte, denen die Göttin die Huld ihrer Ankunft und Rast gewährt. Man zieht nicht in den Krieg, man greift nicht zu den Waffen; verschlossen ist alles Eisen. Dann kennt, dann liebt man nur Ruhe und Frieden, bis die Göttin, des Umgangs mit Menschen müde, vom gleichen Priester ihrem Heiligtum zurückgegeben wird.

Dann werden Wagen und Tücher und, wenn man es glauben will, die Gottheit selbst in einem entlegenen See gewaschen. Sklaven sind hierbei behilflich, und alsbald verschlingt sie derselbe See. So herrscht denn ein geheimes Grauen und heiliges Dunkel, was das für ein Wesen sei, das nur Todgeweihte schauen dürfen.«

Nach der Berührung mit der Großen Mutter – Forscher sind der Ansicht, daß es sich um eine in vielen alten Kulten übliche »Heilige Hochzeit« zwischen einem Priester und einer Gottheit handelte – werden die Männer getötet. Die Sklaven des Tacitus sind wahrscheinlich bereits eine Abmilderung der ursprünglichen Sitte. Mit ziemlicher Sicherheit haben die Männer des Volkes den Opfertod erlitten.

2.

NACH DER »HEILIGEN HOCHZEIT« – TOD IM MOOR

Den ursprünglichen Sinn der »Heiligen Hochzeit« erhellten Funde im ebenfalls von Germanen besiedelten Dänemark.

Beim Torfstechen in einem Moor bei dem Bauernhof Tollund wurde ein Mann entdeckt, der sich als besser erhalten herausstellte als alle ägyptischen Pharaonen. Zwar hatte er schon 2 000 Jahre in seinem feuchten Grab verbracht, doch hatte die Moorsäure ihn so gut konserviert, daß selbst die inneren Organe, Herz, Leber, Lunge, sowie die Geschlechtsteile ärztlich untersucht werden konnten. Man konnte sogar den Magen-Darm-Inhalt analysieren. Und dabei entdeckte man etwas Merkwürdiges: Die Nahrung bestand aus einem rein vegetarischen Brei aus Gerste, Leinsamen, Finkensamen und Knöterich. Der Gesichtsausdruck des Mannes war ruhig und ernst wie bei einem Schlafenden, obwohl er eines gewaltsamen Todes gestorben war. Um den Hals trug er einen ledernen Strick, an dem er vermutlich erhängt worden war, bevor man ihn ins Moor versenkte. Dieses Menschenopfer hatte man der Großen Fruchtbarkeitsgöttin gebracht. Tacitus erwähnt diesen Brauch gleich zweimal, ohne den Sinn der Opferung zu verstehen.

Nach Karle Thorvildsen, dem dänischen Präparator des »Tollund-Mannes«, handelt es sich um eine rituelle Hochzeit anläßlich des Fruchtbarkeitsfestes der Nerthus. Der Mann muß sterben, der die kultische Ehe, die »Heilige Hochzeit«, mit der Göttin vollzieht. Die Zusammensetzung der letzten Mahlzeit ist auch kultisch zu erklären, wie der dänische Prähistoriker Glob meint. Die wildwachsenden Feldpflanzen könnten betäubend gewirkt haben und wurden nur dem verabreicht, der durch seinen Tod der Göttin der Fruchtbarkeit geweiht wurde.

Die ruhigen, harmonischen Gesichtszüge des Toten aus dem Tollund-Moor, ohne Anzeichen von Angst oder Grauen vor Tod und Strafe, könnten so zu erklären sein. Der Tod wurde als erster Schritt zu einer Vereinigung, einer symbolischen Hochzeit mit der verehrten Göttin und in Erwartung einer besseren Welt, eines gütigen Geschicks, willig hingenommen. In einer Kultur, in der weibliche Gottheiten eine derartige Verehrung fanden, wurde auch den irdischen Frauen ein hohes Maß an Achtung und Ehrerbietung entgegengebracht.

1959 stießen Arbeiter in dem schleswig-holsteinischen Dorf Dätgen beim Torfstechen auf die Moorleiche eines Mannes, der ebenfalls getötet worden war. Diesmal holte der Archäologe Karl W. Struve vom Schleswig-Holsteinischen Landesmuseum auf Schloß Gottorf Wissenschaftler anderer Fakultäten zu Hilfe; Wissenschaftler, die bei der Untersuchung von Mordfällen eingesetzt werden, auch ein Beamter des Bundeskriminalamtes, nahmen daran teil. Das Ergebnis war sensationell. Die Moorleiche war ein Mann. Doch fehlten die Geschlechtsteile fast ganz. Karl W. Struve äußert sich in seinem Bericht überzeugt: *»Der kartenherzförmige Beckenausgang und die kräftigen Muskelleisten am unteren Oberarmende sowie auch sonst der Knochenbau lassen keinen Zweifel darüber, daß der Tote männlichen Geschlechts war.«* Durch Pollenanalyse stellte man fest, daß der Mann in der Mitte des 2. Jahrhunderts v. Chr. umgebracht worden war. Dieser Mann war nicht nur enthauptet, er war auch kastriert worden. Dann hatte man ihn in eine Grube mit Wasser gelegt, ganz so, wie es Tacitus beschrieben hatte: *»Der Wagen und die Göttin werden in einem entlegenen Gewässer gewaschen. Sklaven sind dabei behilflich, und alsbald verschlingt sie das gleiche Wasser . . .«*

Doch dieser Mann war kein Sklave. Er war etwa 30 Jahre alt. Aus der Knochenlänge von Oberarm, Speiche und Schienbein der guterhaltenen linken Körperhälfte errechnete man eine Körpergröße von ca. 170 Zentimetern. Viel und schwer hat er vor seinem Tod nicht arbeiten müssen. Die Nägel an Fingern und Zehen sind leicht gerundet, ihre Ränder glatt und unbeschädigt. Ein Mann aus besserem Stande. Schließlich konnte man sogar noch beweisen, daß der Mann ein Suebe war, ein Angehöriger des Volkes, das nach Tacitus als Hauptgöttin die Nerthus verehrte. Sein blondes Haar war vollständig erhalten und hinten in einem Suebenknoten zusammengebunden.

»Ein Kennzeichen des Stammes ist es, das Haar seitwärts zu streichen und in einem Knoten hochzubinden. So unterscheiden sich die Sueben von den übrigen Germanen, so bei ihnen selbst die Freien von den Sklaven.«

Je weiter man nach Norden hinauf und in den äußersten Nordosten kommt, dorthin wo *»das Meer träge und nahezu unbewegt bleibt«* und wo *»der letzte Schein der schon sinkenden Sonne bis zum Wiederaufgang anhält, und zwar so hell, daß er die Sterne überstrahlt«*, desto näher kommt man rein mutterrechtlichen Kulturen: Jenseits der Weichsel lebten die Ästier, die als Hauptgottheit eine Göttermutter ehrten und bei denen die Frauen herrschten, und ganz oben im Norden wohnten die Suinonen. (Die übliche Übersetzung von femina dominatur in den Tacitus-Übersetzungen lautet: von einer Frau beherrscht. Ich vermute jedoch, daß hier, *»von der Frau beherrscht«* übersetzt werden muß, d. h. in Lappland herrschten die Frauen. Eine Frau herrscht in vielen Reichen, mit denen Rom verbündet war oder Krieg führte. Königinnen waren nichts Außergewöhnliches.)

Hier ist Germanien zu Ende. Es scheint, daß Tacitus jenseits des Bottnischen Meerbusens noch steinzeitliche Zustände vorgefunden hat, aber die dortigen Fennen rechnet Tacitus schon nicht mehr zu den Germanen: *»Sie lebten ungemein roh, in abstoßender Dürftigkeit. Sie kennen keine Waffen, keine Pferde, kein Heim; Kräuter dienen zur Nahrung, Felle zur Kleidung und der Erdboden als Lagerstätte. Ihre einzige Hoffnung sind Pfeile, die sie aus Mangel an Eisen mit Knochenspitzen versehen. Und von derselben Jagd* *nähren sich die Frauen ebenso wie die Männer; denn überall sind sie dabei und fordern ihren Anteil an der Beute. Sie halten jedoch dieses Leben für glücklicher, als ächzend das Feld zu bestellen, sich mit Häuserbau zu plagen, in Furcht oder Hoffnung über eigenen und fremden Wohlstand nachzudenken.«*

Die Herrschaft oder Gleichberechtigung der Frau ist für den römischen Staatsmann die schlimmste Schmach: selbst bei Unfreien, Abhängigen gibt es das nicht.

Nicht die Herrschaft einer Frau, sondern Frauenmacht, »Weiberherrschaft«, schien Tacitus ein Rückfall in eine barbarische Vergangenheit zu sein. Daß diese »Vergangenheit« noch überall im Nahen und Mittleren Osten herrschte, davon hatten sich die Römer genauso wie vor ihnen die Griechen überzeugt.

Warum es solche frauenbeherrschten Völker gab oder Völker mit weiblichem Erbrecht, mit Mondgöttinnen und »Großen Müttern«, Völker, bei denen die Frauen vor der Ehe völlig frei waren, und solche, bei denen es für die jungen Mädchen sogar üblich war, ihre Mitgift durch Prostitution zu verdienen, darüber machten sich die Römer keine Gedanken. Je weiter man den langen Weg durch die Menschheitsgeschichte zurückgeht, desto mehr weibliche Gottheiten, Muttergöttinnen und Fruchtbarkeitsidole trifft man an, bis man am Anfang der Menschheitsgeschichte deutlich eine primitive Hordengesellschaft vor sich sieht, in der die herausragende Stellung der Frauen unbestritten war.

3.

BRUNHILD

Einige Jahrhunderte scheinen die Erinnerungen an die bedeutende Stellung der Frauen in Mittel- und Osteuropa gänzlich vergessen. Der Aufbruch ins Mittelalter, die Christianisierung Europas tun ein übriges, um die herausragende gesellschaftliche Stellung des Mannes zu sichern. Doch gibt es genügend Nachdichtungen und Sagen, die vor allem durch die mittelalterliche Dichtung überliefert sind und die über die archäologischen Funde hinaus den Schluß zulassen, daß Frauen in den alten germanischen Reichen gleichberechtigt waren, teilweise sogar amazonische Traditionen widerspiegelten.

Im jeweils um 1200 entstandenen Nibelungenlied und im »Eddalied« werden folgende Ereignisse geschildert:

Es hieß, daß weit hinterm Meer im Isenland eine Königin wohnte namens Brunhild, die nicht nur über alle Maßen schön war, sie verfügte auch über so wundersame Kräfte, daß sie es mit dem stärksten Helden aufnehmen konnte. Wer sie zur Frau haben wollte, mußte sich mit ihr im Stein- und Speerwerfen messen; unterlag er, gehörte sein Haupt ihr. Schon viele Werber waren nach dem Isenland gezogen, aber keiner hatte seine Heimat je wiedergesehen.

Unter den Gästen eines Festes in Worms hatte sich auch der Sänger Horand befunden und ein Lied vorgetragen von der herrlichen jungfräulichen Königin im meerumbrandeten Isenland.

Eines Abends, als die Fackeln schon halb verloschen und die Höflinge fortgeschickt worden waren, saß Gunter mit Hagen und Siegfried bei einem letzten Nachttrunk. Was Gunter bisher vor seinen Freunden geheimgehalten hatte, jetzt bekannte er leidenschaftlich: er wolle um Brundhild freien.

Betroffen schwiegen die Zecher, bis Hagen endlich fragte: »Ist das wahrhaft dein unerschütterlicher Entschluß?«

Auch Siegfried warnte: »Es sind ungeheure Kräfte in dem Weib.«

Nur dem mit außergewöhnlichen Kräften ausgestatteten Siegfried gelang es schließlich mit Hilfe der Tarnkappe, den Liebeskampf für seinen Schwager Gunter zu bestehen, so stark war die Fürstin. Gunter hatte wohl erwartet, daß die Prüfungen hart sein würden. Doch das, was er jetzt zu sehen bekam, erschreckte ihn und seine Begleiter zutiefst.

Drei Männer trugen keuchend einen Wurfspieß herbei, und zwölf Knechte vermochten den zentnerschweren Feldstein kaum zu schleppen, den der König aus Burgund werfen sollte.

Da war die hünenhafte Brunhild auch schon in den Ring getreten, empfing aus der Hand ihrer Waffenträger den Speer, wog ihn spielend mit der Rechten, als wäre er nicht zolldick gegossenes Eisen, sondern ein leichtes Schilfrohr. Sie zog ihn über die Schulter, befahl Gunter, ihr gegenüberzutreten, holte Schwung und schleuderte das Geschoß mit sausender Geschwindigkeit gegen den Schild ihres Gegners. Krachend zerschellte das Wappen, und unfehlbar wäre Gunter tot niedergesunken, hätte nicht der getarnte Siegfried die Wucht des Aufpralls gemildert.

Auch im alten Sigurdlied der »Edda«, die ebenfalls erst im Mittelalter aufgeschrieben worden ist, ist Brünhilde keine Walküre (Brünhilde: Brünne = Brustpanzer und hilt = Kampf). Sie ist keine durch die Lüfte fahrende Dienerin Odins, sondern eine Schildjungfrau, eine waffenkundige Adlige, die Pflegetochter des Königs Heimir.

Auch im jüngeren Sigurdlied ist Brünhilde eine irdische Schildmaid (Kampfjungfrau), die ihre Jungfernschaft so lange behalten will, bis sie einer im Kampf besiegt.

In dem Eddalied »Odruns Klage« ist sie eine ganz normale, allerdings hoch gerüstete Fürstin:

»Brünhild wob Borten im Burggemach;
sie hatte Land und Leute zu eigen.
Erde hallte und Obhimmel,
als Fafnirs Töter die Feste sah.
Kampf ward gekämpft mit welscher Klinge,
erbrochen die Burg, die Brünhild besaß.
Kurz nur währt es – es kam zu bald –,
bis allen Trug sie aufdeckt.«

Bevor der Sigurd der »Edda« das Abenteuer mit Brünhilde erlebt, hat er ein Erlebnis mit einer Kampfjungfrau, die er aus einem von Wotan verhängten Schlaf befreit und mit der er sich verlobt. Auch sie hat mehr Züge einer germanischen Fürstin als einer mythischen Walküre.

Sigurd ritt nach Hindarfjall hinauf und wandte sich nach Süden, dem Frankenland zu. Da sah er auf der Anhöhe ein großes Licht, das bis zum Himmel schien, als ob ein Feuer brenne. Als er dort ankam, stand er vor einem Zaun, aus dem ein Banner herausragte. Im Inneren fand er einen in voller Rüstung schlafenden Mann. Er nahm dem Mann den Helm ab und sah, daß es eine Frau war. Der Brustpanzer saß so fest, als wäre er angewachsen. Sigurd nahm sein Schwert und zerschnitt ihn von der Kopföffnung abwärts und beide Ärmel entlang. Da erwachte die Frau. Sie nannte sich Sigdrifa und sagte, daß sie eine Walküre sei. Sie erzählte, daß zwei Könige gegeneinander Krieg geführt hätten. Der eine hieß Helm-Gunnar; er war schon sehr alt gewesen, aber ein gewaltiger Krieger, und ihm hätte Odin den Sieg verheißen. Doch Sigdrifa hätte Helm-Gunnar in der Schlacht getötet, und zur Strafe sei sie von Odin mit dem Schlafdorn gestochen worden. Niemals mehr solle sie einen Sieg in einer Schlacht erringen. Sich vermählen solle sie sich, und sie erzählte Sigurd von ihrem Gelübde, keinen Mann zu nehmen, »der sich fürchten könne.«

Sigurd bittet sie, ihm weiszusagen, und aus Dank dafür will Sigurd sie zum Weib nehmen. Auch die Walküre ist von dem Ritter so angetan, daß sie ihm antwortet: »Dich will ich am liebsten haben, und könnt ich unter allen Männern wählen.«

Hier wie in der Sagenfigur der Brünhilde kommt ein eigenwilliger Eros zum Ausdruck. Die Frau übernimmt in der Liebe die Initiative, und ganz wie Penthesilea will sie nur den zum Manne haben, der stärker ist als sie, der sie besiegen kann.

4.

LIBUSSA AUS BÖHMEN

Aber noch ein weiterer Hinweis ist in der mitteleuropäischen Sagenwelt vorhanden. Um die sagenumwobene Gründerin von Prag, Libussa, rankt sich folgende Erzählung:

Zu Beginn des 8. Jahrhunderts lebte ein slawischer Fürst mit Namen Crocus in Böhmen. Dieser Fürst hatte drei Töchter. Vor seinem Tod überträgt er die Geschäfte des Landes der jüngsten und energischsten, Libussa. Libussa heiratet einen Mann aus dem Volk, den Bauern Przemysl. Sie regiert ihre Untertanen mit Umsicht und gründet die Stadt Prag. Als sie im Jahre 734 stirbt, versucht eine Gruppe junger Frauen unter Führung Valaskas, einen unabhängigen Frauenstaat zu gründen. Bald kommt es zum Krieg mit den Männern des Landes, der mehrere Jahre dauert und an dessen Ende die Mädchen schließlich besiegt werden.

Das älteste Dokument, das wir über diese Vorgänge besitzen, stammt vom Dekan des Prager Domes, Cosmas, der nach der Christianisierung des Landes eine Chronica Bohemorum schrieb.

»Die dritte, dem Alter nach kleiner, aber an Weisheit größer, hieß Libussa, welche auch die nachmals sehr mächtige Stadt in der Nähe des Waldes, der sich zum Bezirk Stebecna erstreckt, erbaute und sie nach ihrem eigenen Namen Lubossin nannte. Diese war unter den Frauen eine durchaus einzigartige Frau, umsichtig im Rat, eifrig in der Rede, von keuschem Körper und tugendhaften Sitten, ohne ihresgleichen in der Beurteilung von Streitfällen des Volkes, gegen alle leutselig, aber noch mehr liebenswürdig, eine Zierde und ein Ruhm des weiblichen Geschlechts, die mit Vorsicht männliche Angelegenheiten behandelte. Aber da niemand in jeglicher Hinsicht

glücklich ist, so war diese derart lobenswerte Frau – o unglückliches menschliches Schicksal! – eine Wahrsagerin. Und da sie dem Volke vieles und sicheres Zukünftige vorhersagte, beratschlagte jenes ganze Volk gemeinsam, als ihr Vater gestorben war, und machte sie zu seiner Richterin.«

Diese in der Chronik vom Volk bestimmte Herrscherin übte ihr neues Amt mit äußerster Selbstverständlichkeit und Freizügigkeit aus, die den frommen Dekan erbittert. Libussas Haltung war jedoch zu ihren Lebzeiten durchaus nichts Ungewöhnliches. Böhmen war noch nicht christianisiert, die Sitten frei und ungezwungen. Hinzu kommt, daß die Slawen Nachfahren der Veneter und Sarmaten sind, die bereits wegen ihres besonderen Verhaltens zur Frau vor sieben Jahrhunderten von Justin, Diodor und Strabon beschrieben worden sind. Durch die Völkerwanderung kamen diese Stämme in die früheren Siedlungsgebiete der Germanen. Die gleichberechtigte, ebenbürtige Auffassung von Mann und Frau scheint sich trotz aller dazwischenliegenden Jahre erhalten zu haben. Die Einschränkung und Unterdrückung freien, weiblichen Verhaltens stammt aus einer Zeit, in der strenge Moralgesetze Sexualität zur teuflischen Versuchung werden lassen. Cosmas berichtet in seiner Geschichte weiter, daß eines Tages zu Libussa zwei Männer kamen, die ihren Rat einholen wollten.

»Jene lag nämlich, wie es die zügellose Weichlichkeit der Frauen ist, wenn sie keinen Mann hat, den sie fürchtet, auf den Ellbogen gestützt, als hätte sie einen Knaben geboren, allzu weich hoch auf geschmücktem Lager ... O Unrecht, wie es von Männern nicht zu ertragen ist! Eine geschwätzige Frau behandelt männliche Rechtsgeschäfte mit trügerischem Sinn. Wir wissen allerdings, daß eine Frau, ob sie nun steht oder auf einem Stuhl sitzt, wenig versteht, wieviel weniger, wenn sie auf einem Lager liegt! In der Tat ist sie dann mehr dazu bereit, daß der Ehemann zu ihr kommt, als dazu, über Soldaten Recht zu sprechen. Sicher ist nämlich, daß alle Frauen lange Haare, aber kurzen Verstand haben.«

An diesem Tage bestimmt Libussa, daß zwei Boten auf das Feld gehen sollen. Dort fänden sie einen Mann mit Namen Przemysl, einen einfachen Bauern, den sie zu ihrem Mann nehmen will und der fortan Herzog von Böhmen wird. Przemysl, der von Cosmas wegen seiner Tugend gelobt wird, soll die verwilderte Nation mit Gesetzen gebändigt, das Volk während seiner Herrschaft mit Gesetzen gezähmt haben. Trotz der neuen Knechtschaft, der Unterdrückung seiner Landsleute hat *»alles Recht, welches dieses Land gebracht und wodurch es gelenkt wird, er allein mit Libussa gestiftet.«*

Zu dieser Zeit wuchsen die Mädchen den Landes noch frei und ungezwungen heran. Wie die Jünglinge übten sie sich im Gebrauch der Waffen, hatten ihre eigens von ihnen gewählten Anführerinnen, und sie kämpften wie Soldaten und gingen wie Männer auf die Jagd. Wie ihre früheren Geschlechtsgenossinen wählten sie sich zu sexuellen Spielen ihre Partner selber: Sie warteten nicht darauf, von Männern umworben zu werden, sie nahmen sie sich, wann und wo auch immer sie wollten, und wie bei den Skythen hatten Mann und Frau in ihrem Äußeren keinen Unterschied. Eines Tages beschlossen sie, sich auf einem Felsen nicht weit von der Stadt, an einem von der Natur begünstigten Ort, eine Burg zu bauen, wo nur sie wohnten und die den Namen Diwin, zu deutsch Jungfrau, erhielt. Als das die Jünglinge sahen, wurden sie wütend, taten sich zusammen und bauten nicht weit entfernt auf einem anderen Felsen in einer mit Bäumen bewachsenen Gegend eine Stadt und nannten sie Hrasten, später hieß sie Wissegrad. *»Und da die Jungfrauen geschickter darin waren, die Jünglinge zu täuschen, oft aber die Jünglinge stärker waren als die Jungfrauen, herrschte bald Krieg, bald Frieden zwischen ihnen.*

Und während sie einen Zeitraum des Friedens erreicht hatten, gefiel es beiden Seiten, ein gemeinsames Festessen mit Speisen und Getränken zu veranstalten und drei Tage lang ohne Waffen zugleich ein festliches Spiel an einem festgesetzten Ort abzuhalten.

Was bedarf es vieler Worte? Nicht anders kamen die Jünglinge zum Mahl mit den Mädchen als reißende Wölfe, die nach Futter suchen, wenn sie in Schafställe einfallen. Den ersten Tag verbrachten sie vergnügt mit Schmausen und übermäßigem Trinken. Und während sie den Durst stillen wollten, wuchs ein anderer Durst, und ihre Freude verschoben die Jünglinge kaum bis zur Nachtstunde: Nacht war es, und am heiteren Himmel glänzte der Mond; da blies einer ins Horn und gab ihnen so das Zeichen, indem er sagte: Ihr habt genug gespielt, ihr habt genug gegessen und getrunken; erhebt euch, die goldene Venus ruft euch mit lautem Ton. Bald riß jeder einzelne ein Mädchen an sich. Als es aber Morgen wurde, schlossen sie einen Friedensvertrag, holten das, was Ceres und Bacchus, Speise und Trank, gehörte, aus ihrer Burg und überließen die leeren Mauern Vulkan, dem Feuer. Seit jener Zeit nach dem Tode der Fürstin Libussa sind die Frauen aus unserem Land unter der Gewalt der Männer.«

Anders als die sexuellen Frühlingsfeste der Amazonen, die der Freude, dem Spaß und der Fortpflanzung dienten, endet dieses Fest mit dem Triumph der Männer über die Frauen.

Für den Dekan Cosmas ist die Welt wieder in Ordnung.

Es gibt aber auch andere Versionen, die durchaus einleuchtender erscheinen. Unnachgiebig und tatkräftig streiten in ihnen die Frauen um Recht und Selbständigkeit, um ihre Freiheit.

Libussa hatte sich eine nur aus Mädchen bestehende Leibwache zugelegt, die sie oft auf die Jagd begleitete. Sie war eine begeisterte Jägerin, und als sie eines Tages mit ihren Gefährtinnen einen Hirsch verfolgte und tief in den Wald eindrang, sah sie sich plötzlich von Feinden umzingelt. Die Mädchen leisten erbitterten Widerstand, aber sie werden von der Übermacht überwältigt. Die Männer hoffen auf ein Lösegeld und nehmen die Mädchen gefangen. Am nächsten Tag sieht eine der Gefangenen, Valaska, eine Gelegenheit, sich von den Wächtern zu befreien. Auf ihr Zeichen stürzen sich die Mädchen auf die Männer, überwältigen sie, bemächtigen sich ihrer Pferde und Waffen und fliehen. Zum Dank überträgt Libussa an Valaska das Kommando ihrer Leibwache. Diese Leibwache, deren Zahl an Kriegerinnen sich ständig erhöhte, leistete sogar den Invasionen von Barbaren erfolgreich Widerstand; sie schützte nicht nur die Herrscherin, sondern kämpfte als militärische Einheit. Von den Erfolgen des Frauenheeres begeistert, schlossen sich sogar verheiratete Frauen dieser Truppe an, was wiederum den Zorn der Männer weckte. Sie zerstörten ein Denkmal, das von den Kriegerinnen zur Erinnerung an ihre Siege errichtet worden war.

Nach dem Tode Libussas entschließt sich Przemysl, das Frauenheer aufzulösen. Valaska aber ermutigt ihre Gefährtinnen, dieser Aufforderung nicht nachzukommen. 800 im Kriegsdienst ausgebildete Mädchen entschließen sich, Widerstand zu leisten, ihre Waffen zu behalten und jede Art von weiblicher Beschäftigung aufzugeben. Viele Ränke werden ausgedacht, um Valaska und die Mädchen zu überwinden. Ein Adliger aus der Gegend um Prag namens Motol verleumdet Valaska bei Przemysl und versucht, ihn zu überzeugen, daß er die Mädchen, und sei es mit Gewalt, von ihrem Tun abbringen solle. Valaska erfährt von dem Plan, organisiert einen nächtlichen Überfall auf Motols Burg, tötet ihn, nimmt seine Angehörigen gefangen und besetzt den Ort. Als Festung schien den Mädchen diese Burg gut geeignet. Sie erhöhen die Mauern der Anlage auf dem Widovle-Berg und beschließen, dort zu bleiben. Das ist der Auftakt zum »Krieg der Mädchen«. Er beginnt 736 und dauert acht oder zwölf Jahre. Ratgeber schlagen Przemysl vor, Valaska zu heiraten, damit wieder Ruhe im Land einkehren kann. Mit Geschenken und eben diesem Vorschlag kommt der Bote Pomnikwas zu der Burg, aber Valaska lehnt ab. Sie läßt sich nicht verführen, von Geschenken blenden. Sie wittert die Falle, in die sie alle gelockt werden sollen. Sie läßt Pomnikwas so verstümmeln, daß jeder erkennt, er habe mit Valaska gesprochen.

Pomnikwas denkt nur noch an Rache. Er stachelt die Männer

zum Kampf gegen die Mädchen auf, bedrängt Przemysl, daß jener schließlich einwilligt, gegen die Mädchen eine Strafexpedition vorzubereiten. Valaska jedoch hat geheime Verbündete sogar unter den Dienstmädchen im Herzogshaus und erfährt rechtzeitig von dem Vorhaben. Sie läßt die Botschaft verbreiten, daß die Frauen des Landes ihre Männer hindern sollen, sich zu den vorgeschriebenen Sammelplätzen zu begeben, und daß sie ihre Waffen verstecken sollen.

Die List hat Erfolg: Nur wenige Männer kommen dem Appell des Herzogs nach, die meisten ohne Waffen.

Die Aktivitäten der Männer führen dazu, daß Valaska die Burg von Widovle für zu unsicher hält. Mit eigenen Händen bauen die Mädchen eine beinahe uneinnehmbare Festung, die sie Djewin nennen, Burg der Mädchen, in der Nähe von Wissegrad. Vor der Burg, auf einem großen Platz, halten sie täglich Waffenübungen ab, dort reiten sie, schießen mit dem Bogen, kämpfen mit Schwert und Lanze. Vom Training ertüchtigt und ermutigt, sind sie selbstbewußt genug, ihre Kräfte mit den Männern zu messen.

Immer mehr Frauen unterstützen das weibliche Heer. Przemysl kann den Krieg der Mädchen nicht mehr auf die leichte Schulter nehmen. Überall werden die Frauen rebellisch, gehorchen ihren Männern nicht mehr. Vom Adel gedrängt, entschließt sich Przemysl, einen Angriff zu wagen. Aber Samoslaw, dem Przemysl das Kommando übergeben hatte, stürmt blindlings los. Valaskas Truppe, die den Angriff erwartet und Vorkehrungen für den Widerstand getroffen hat, umzingelt den Feind. Unter einem Regen von Pfeilen und mit Kriegsgeschrei durchbrechen die Frauen den rechten Flügel. Das ist der Untergang für die Männer. Samoslaw kämpft heldenmütig, ohne aber den Verlauf ändern zu können. Valaska sucht ihn auf dem Schlachtfeld, um sich mit ihm im Kampf zu messen. Schließlich findet sie ihn. Ihre Lanzen brechen beim ersten Stoß; Samoslaw greift nach seinem kurzen Schwert und schlägt das Schild von Valaska entzwei. Im gleichen Augenblick hat sie ihm den tödlichen Stoß versetzt; er stürzt vom Pferd und stirbt. Die übrigen Krieger fliehen; wen die Mädchen noch erreichen können, der wird getötet. Mit einem großen Freudenfest feiern die Frauen ihren Sieg.

Valaska beherrscht nun einen großen Teil des Landes, und sie unternimmt sogar Feldzüge in die umliegenden Gegenden. Sie erläßt Gesetze, nach denen es den Männern unter Todesstrafe verboten ist, Waffen zu tragen; reiten dürfen sie nur nach Vorschrift, wie im Damensattel; sie müssen die Landwirtschaft und den Haushalt übernehmen. Die Frauen führen Krieg und wählen schließlich frei ihre Ehemänner.

Hart bedrängt denkt Przemysl an eine List. Er bittet Valaska um zwei Bevollmächtigte, denen er etwas mitzuteilen habe. Als Klimbogna und Dobromila bei ihm eintreffen, erklärt er ihnen, daß er eingesehen habe, Valaska sei noch tapferer als seine so früh verstorbene Frau, und er wolle abdanken, wenn Valaska seinen Sohn heiratet.

Valaska freut sich über die Botschaft. Sie schickt 50 Reiterinnen zu ihm mit der Nachricht, sie könne den Vorschlag nur annehmen, wenn sie allein die Herrschaft übertragen bekäme. Der Herzog empfängt die Mädchen mit großer Höflichkeit und gibt für sie ein Festessen. In den umliegenden Wäldern sind jedoch 100 ausgesuchte Krieger versteckt, die, als das Essen zu Ende ist, die Mädchen überfallen und alle niedermetzeln. Tage später erfährt Valaska, daß Cztirad, ein Berater Przemysls, sich im Auftrag des Herzogs, unter starker Begleitung, in einen anderen Teil des Landes begeben soll. Das scheint ihr der Zeitpunkt für Rache zu sein. Unter dem Kommando von Scharka locken ihn 50 Amazonen in ein tiefes Tal, in dem alle Männer niedergemetzelt werden; nur Cztirad nimmt Scharka als Gefangenen in die Frauenstadt.

Przemysl macht nun eine letzte Anstrengung und zieht ein Heer zusammen, das die Amazonen endgültig besiegen soll. Nachdem dieses Heer die Burg Widovle eingenommen hat, erreichen die

Männer in einem Nachtmarsch Djewin und beginnen den Angriff. Die Frauen leisten heftigen Widerstand und bombardieren die Männer mit Steinen und anderen Geschossen. Der Angriff kommt zum Stillstand, eine zweite Attacke scheitert unter einem Regen von Pech und siedendem Öl. Valaska sieht den Sieg nahe und befiehlt einen Ausfall; die Zugbrücke wird heruntergelassen, aber sie ist zu schmal, die Amazonen können nicht in der Zahl herausstürmen, die notwendig gewesen wäre, um siegreich zu sein. Sieben Krieger stürzen sich auf Valaska, einem gelingt es, ihren Helm zu zerschlagen, aber sie ist so stark und behende, daß sie fünf ihrer Gegner mit Schwertstreichen tötet. Stasion, einer der besten Kämpfer Przemysls, aber stürzt sich auf sie, schlägt sie auf ihren ungeschützten Kopf. Als die Männer sehen, daß Valaska getötet worden ist, verdoppelt sich ihr Eifer. Sie greifen so heftig an, daß alle Amazonen im Kampf umkommen.

In Äneas Sylvius Piccolominis, des späteren Papst Pius II. (1405–1464) »Historica Bohemica« (Geschichte Böhmens) findet sich im siebenten Kapitel etwas über das von Valaska und Libussa gegründete Weiberreich in Böhmen. Dort heißt es, daß die Frauen, nachdem sie ihre Herrschaft gesichert haben, das Problem des Nachwuchses lösen mußten.

Während Justin beschreibt, daß alle Knaben von den Amazonen getötet wurden, bei Diodor männliche Säuglinge zurück zu den anonymen Vätern geschickt oder durch Auskugeln der Gelenke zu Arbeitssklaven gemacht wurden, erhalten die Männer im Bericht des Äneas Sylvius eine mehr den Torturen des Mittelalters entsprechende Verstümmelung: Ihnen wird das rechte Auge ausgebrannt, der rechte Daumen abgeschnitten. So wehrlos gemacht, können sie der Frauenherrschaft nicht gefährlich werden. Ein Ausbrennen der rechten Brust gibt es allerdings in den Berichten über die böhmischen Amazonen nicht.

Ein Zeitgenosse von Libussa und Valaska, Paulus Diakonus (720–779), hat erfahren, daß, als *»die Langobarden auf ihrem Zug* *unter ihrem König an einem Fluß kamen und ihnen von den Amazonen der Übergang verwehrt wurde, Lamisso mit der tapfersten derselben im Fluß schwimmend gekämpft, sie getötet und so sich großen Ruhm, den Langobarden aber den Übergang erstritten habe. Denn zuvor sei zwischen beiden Heeren ausgemacht worden, daß, wenn die Amazone den Lamisso überwinde, die Langobarden umkehren, wenn dieselbe aber, wie es denn wirklich geschah, von Lamissio besiegt werde, freien Übergang über den Fluß haben sollten.«*

Paulus Diakonus bezweifelt die Glaubhaftigkeit dieser Geschichte, weil nach seiner Ansicht die Amazonen schon lange vor dieser Zeit ausgestorben wären. Andererseits habe man gerade aus dieser Gegend gehört, daß *»im hintersten Deutschland bis auf den heutigen Tag das Volk dieser Weiber noch bestehe«* und dieses Land den Geschichtsschreibern nicht so bekannt sei wie die anderen.

Über die Existenz der böhmischen Amazonen schreibt auch der arabisch-jüdische Geograph Ibrahim Ibn Jakub 973 in seiner Reisebeschreibung über die slawischen Länder. Erstaunt notiert er, daß bei den Slawen die Frauen der werbende Teil sind, ja daß es als wenig attraktiv gilt, wenn eine Frau als Jungfrau in die Ehe geht. Dann habe noch kein Mann sie begehrt.

»Im Westen von den Rus liegt die Stadt der Frauen. Sie besitzen Ländereien und Sklaven. Sie werden von ihren Knechten schwanger, und wenn das Weib einen Knaben zur Welt bringt, tötet sie ihn. Sie reiten zu Pferde, führen selbst Krieg und besitzen Mut und Tapferkeit.«

5.

SPUREN IM KAUKASUS

Mythen und archäologische Funde stellen eine immer bedeutendere Indizienkette für die Existenz matriarchalischer und amazonischer Formen dar. Sie weist vor allem darauf hin, daß frauenrechtliche Strukturen, Stammesformationen auf gleichberechtigter Basis beider Geschlechter, aber auch Reste amazonischer Lebensform keine Ereignisse aus den Anfängen der Menschheit, sondern bedeutende Bestandteile auch der jüngeren Vergangenheit sind.

Doch damit ergibt sich zwangsläufig die Frage: Welche Dokumente der Geschichtsschreibung, welche archäologischen Ausgrabungen können diese Vermutungen erhärten? Was mag mit den Amazonen vom Thermodon, den Vertriebenen der Schlacht von Athen, passiert sein? Es ist kaum anzunehmen, daß die Amazonentradition nach so vielen Jahrhunderten plötzlich ganz erloschen sein soll.

Die Amazonen sind auch nicht ausgestorben. Statt dessen haben sie ihre Wohnsitze verlegt, und zwar auf die gegenüberliegende (heute südrussische) Seite des Schwarzen Meeres. Von hier zogen sie – nach Herodot – im 5. Jahrhundert v. Chr. nach Aufnahme skythischer Männer in ihren Stamm vom Don aus drei Tagesreisen weiter nach Osten, dann noch einmal drei Tagesreisen weiter nach Norden. Dort also, in der Nähe des Kaukasus, lebten sie als Sauromaten weiter, die als ein *»von Weibern beherrschtes Volk«* bezeichnet werden. Auch Hippokrates hat sie »um den Mäotischen See« bei der Insel Krim angesiedelt. In seiner »Erdbeschreibung« bestätigt Skymnos aus Chios:

»Nach den Kämpfen am Thermodon gingen die Amazonen und

vermischten sich mit den Sauromaten, die daher den Namen ›der von Weibern Beherrschten‹ erhielten.«

Rund 500 Jahre nach den Aufzeichnungen von Herodot haben sich die Amazonen ganz offensichtlich noch weiter nach Osten zurückgezogen, in die unzugänglichen Täler des Kaukasus, und von dort aus haben sie ihre Siedlungsgebiete bis auf die östlichen Grenzen des Kaukasus ausgedehnt, ans Kaspische Meer, wo ja auch die Amazonenkönigin Thalestris aufgetaucht war, um Alexander dem Großen zu begegnen.

Gajus Secundus Plinius der Ältere, der das Wissen seiner Zeit in einer »Geschichte der Welt« (Naturalis Historia) zusammenfaßte, geht davon aus, daß in der Mitte des 1. Jahrhunderts, als Paulus schon in den früheren Amazonenstädten Ephesos und Paphos die ersten Christengemeinden gründet, am Don die Sarmaten und die zu ihnen gehörenden Sauromaten wohnen, die nicht nur mit den Amazonen Kontakt haben, sondern selber von Frauen beherrscht werden. Der Stamm der Amazonen lebt nach seiner Ansicht in einem Gebiet bis zum Kaspischen oder Hyrkanischen Meer.

Der gleichen Ansicht ist Plinius' Zeitgenosse Pomponius Mela. Nach diesen Berichten haben einige Amazonenstämme ihre Unabhängigkeit erhalten und trieben nur »Grenzverkehr«, andere lebten mit Männern zusammen, die allerdings eine ziemlich klägliche und untergeordnete Rolle spielten, wie bei den Ixamaten zum Beispiel:

»Die Küste, welche sich vom Bosporus bis an den Don hinzieht, bewohnen die Mäotiker, Toreaten und die zunächst an dem Ausflusse des Stroms sich anschließenden Ixamaten. Bei denselben treiben die Weiber die gleichen Künste wie die Männer, so daß sie auch nicht einmal von Kriegsdiensten frei sind. Die Männer dienen zu Fuß und kämpfen mit Pfeilen: jene bilden in Feldschlachten die Reiterei. Sie heiraten auch, aber ihre Mannbarkeit wird nicht nach dem Alter entschieden, (sondern) alle, die keinen Feind erwürgt haben, bleiben Jungfrauen.«

Bis an die Donau siedeln diese Stämme, die ungezwungenen Umgang mit den Germanen und den Vorfahren der Slawen, den Venetern, haben.

Nach weiteren 600 Jahren sind aus den von Tacitus als Verwandte der Sarmaten erwähnten Venetern die Wenden bzw. die Slawen geworden. Aber noch kämpfen Frauen an der Seite ihrer Männer, wie der byzantinische Chronist Nikephoros berichtet:

»Als das die Slawen sahen, brachen sie aus dem Barbyssos-Fluß hervor und zogen gegen die Stadt. Unsere Flotte aber fuhr herbei, umzingelte sie und tötete eine große Zahl von ihnen, daß sich das Wasser des Meeres von dem vielen Blut rot färbte. Unter den Leichen nun, die man barg, fanden sich auch solche von slawischen Frauen.«

Später kämpften die byzantinischen Truppen gegen den slawischen Fürsten Swjatoslaw von Kiew.

Auch hier finden sie unter den Toten zahlreiche Frauen. Und in der Chronik des slawischen Mönchs Nestor aus Kiew (1056–1114) wird ein weiteres Amazonenvolk erwähnt, das in Südrußland wohnt: *»Ein anderes Gesetz haben die Gilier; bei ihnen ackern die Frauen, bauen die Häuser und verrichten die Arbeiten der Männer, doch treiben sie Unzucht, soviel sie wollen, und ihre Männer halten sie davon nicht zurück oder neiden es ihnen. Unter ihnen gibt es auch tapfere Weiber, kräftig, wildes Getier zu fangen; sie herrschen über ihre Männer und sind ihre Herren.«*

Das slawische Frauenreich der Libussa und Valaska bestand möglicherweise um 900. Das würde bedeuten, daß die amazonische Tradition bis in diese Zeit in Europa überhaupt nicht abgerissen ist.

Der Kaukasus wird immer wieder zum Refugium und Regenerationsraum der Amazonen. In der Antike nennen Justin, Curtius Rufus und Diodor in der Episode von Alexander und Thalestris den Kaukasus als den Siedlungsraum der Amazonen. Ptolomäos zählt die Amazonen zu den Bewohnern des Kaukasus. Während eines Feldzuges des Pompeius berichtet Theophanes von Mytilene vom Auftreten bewaffneter Frauen im Kaukasus. Und auch Plutarch berichtet, daß die Römer unter den Gefallenen sehr häufig Frauen fanden.

Der Geschichtsschreiber Appian erwähnt über den Feldzug gegen Mithridates:

»Unter den Geiseln und Kriegsgefangenen aber befanden sich viele Frauen, welche nicht geringere Wunden hatten als die Männer; und sie schienen Amazonen zu sein, sei es, daß die Amazonen ein ihnen benachbartes Volk sind, welches sie für die Schlacht zu Hilfe riefen, sei es, daß die Barbaren dort irgendwelche kriegerische Frauen überhaupt als Amazonen bezeichnen.«

Von den Amazonenreichen um den Kaukasus herum berichtet sogar die chinesische Chronik – das Buch Tang-Su – aus dem 8. Jahrhundert n. Chr., die schon Bachofen zitiert hatte und die ein westliches und ein östliches Frauenreich nennt. Mit dem westlichen ist das Gebiet um das Kaspische Meer und den Kaukasus gemeint. Das östliche müßte etwa ganz Nordtibet umfaßt haben: *»Von Ost nach West ist es neun Tagesreisen, von Nord nach Süd zwanzig Tagesreisen lang. Es hat achtzig Städte und wird von einer Königin beherrscht, die im K'ang-yen-Tal residiert. Es gibt über 40000 Familien und 10000 Soldaten. Die Herrscherin heißt Pinchin; ihre weiblichen Beamten Kao-pa-li sind wie unsere Staatsminister. Sie beauftragen die Männer mit allen äußeren Obliegenheiten. Aus dem Inneren des Palastes erhalten die Männer Befehle. Die Herrscherin hat in der Nähe ihrer Person einige hundert Frauen. Alle fünf Tage wird ein Staatsrat abgehalten. Stirbt die Herrscherin, so zahlt das Volk mehrere Zehntausend von Goldmünzen ein und wählt aus dem königlichen Clan zwei kluge Frauen, eine zum Regieren und die andere als Aushilfskönigin, damit sie im Falle des Todes der ersteren deren Nachfolgerin wird. Sie bewohnen Häuser. Das der Königin ist neun Stockwerke, das der Bevölkerung sechs Stockwerke hoch. Die Herrscherin trägt einen blauen oder schwarzen* *plissierten Rock, ein Überkleid gleicher Farbe, mit langen, auf dem Boden nachschleppenden Ärmeln, im Winter ein mit Stickereien verziertes Lammfellkleid. Sie trägt ihr Haar in viele kleine Zöpfe geflochten, auch Ohrgehänge und jene Art Lederschuhe, die bei uns in China als so-i bekannt sind. Die Frauen achten die Männer nicht hoch, und Reiche halten sich immer eine große Anzahl männlicher Diener. Die Männer besorgen auch den Kriegsdienst und bewirtschaften den Boden.«*

6.

DIE NACHKOMMEN DER AMAZONEN

Das unzugängliche Gebiet des Kaukasus und die Stromniederungen der russischen Schwarzmeerküste war immer ein idealer Raum für die nichtseßhaften, rasch ihre Wohnsitze wechselnden Reitervölker gewesen. Die Frage liegt nahe, ob die Schwarzmeer-Amazonen bzw. die skythischen Amazonenvölker, die Sarmaten und Massageten, gänzlich ausgestorben sind oder ob sie Nachfahren gehabt haben. Wenn ja, wo leben sie heute? Haben sich vielleicht sogar amazonische oder zumindest frauenrechtlich bestimmte Sitten und Bräuche bei solchen direkten Nachkommen erhalten?

Der erste, der schon im 17. Jahrhundert von Völkern mit seltsamen – amazonischen – Bräuchen berichtet, ist der italienische Erzbischof Arcangelo Lamberti, der sich auch Requil de Thevenot nannte, und 1654 eine Reise in den Kaukasus beschreibt (»Relatione della Cholchide«, Neapel 1654). Dort besucht er den Prinzen von Mingrelien, Dadian. Während seines Aufenthaltes erhält der Prinz die Nachricht, daß aus den Bergen des Kaukasus drei Völker hervorgestoßen seien und die Moskowiter überfallen hätten. Ihr Angriff sei zurückgeschlagen worden. Unter den Toten der Bergvölker haben sich auch Frauen befunden. Der Bote brachte auch Waffen und Kleider dieser Kriegerinnen: Helm und Panzerhemd aus beweglichen Stahlplatten, dazu ein kurzer Rock aus rotem Tuch, hohe Reitstiefel. Die Pfeile dieser Amazonen waren mit einer geschliffenen, zweiteiligen Stahlspitze verstärkt, breit wie eine Schere. Der Fürst Didian versprach jedem eine hohe Belohnung, der ihm eine solche Amazone lebend bringe, aber niemandem ist es gelungen. Lamberti berichtet noch, diese Amazonen hätten oft Kämpfe gegen Kalmücken und Tartaren geführt.

Der nächste Augenzeuge ist der Franzose Chevalier Chardin, dessen Reisebericht »Reise nach Persien« fast zwei Jahrhunderte später, 1811, erschien. In diesem Bericht erzählt der Fürst von Georgien dem Autor, fünf Tagesreisen hinauf im Norden lebe ein Volk umherziehender Skythen, beherrscht von Frauen zu Pferde; sie lebten in einem ewigen Krieg mit Kalmücken und Tartaren.

Am Ende des 19. Jahrhunderts entdeckt der englische Reiseschriftsteller Essad Bey in der gleichen Gegend, dem Land zwischen Kaspischem Meer, Kaukasus und Schwarzem Meer, ein »Volk der Jungfrauen« und die »blauäugigen Osseten«, die in ihren Sitten und Bräuchen eine auffällige Ähnlichkeit mit den Amazonenvölkern der Antike aufweisen: *»Nur Frauen tragen Waffen, jagen, reiten, nehmen sich Männer nach Bedarf auf Zeit und verstoßen sie wieder.«*

Essad Beys Schlußfolgerung, es handele sich um die direkten Nachkommen der Amazonen, die in dem Kernsiedlungsgebiet wohnen geblieben seien, wurde von den damaligen Wissenschaftlern nicht ernst genommen oder verspottet.

Noch ein weiteres Jahrhundert mußte vergehen, bis der russische Orientalist Wassilij I. Abajew nach jahrelangen Sprachforschungen die Verwandtschaft der heute noch existierenden Osseten mit dem Skythen-Stamm der Massageten bewies, von denen Herodot berichtet hatte.

Auch die Osseten haben ein Heldenepos, wie alle anderen Völker der Erde, in das die ganze Geschichte des Volkes, seine Siege und Niederlagen eingegangen ist. Die ossetische Heldengeschichte unterscheidet sich aber in einem wichtigen Punkt von allen anderen mündlich überlieferten Volksepen. Zentrale und beherrschende Figur, Volksgründer und Heros, ist nicht ein König, sondern eine Frau mit dem Namen Satana.

Diese heute noch lebendige Sage, beweist Abajew, hat ihren Ursprung in einer mindestens 2500 Jahre alten Tradition. Satana hat eine Vorgängerin, die uns Herodot bereits um 450 v. Chr. beschrieb, die Massageten-Königin Tomyris. Sie war es, die, lange vor den Perserkriegen der Griechen, den Siegeszug des Perserkönigs Kyros nach Europa stoppte.

Herodot beschreibt diesen Zusammenstoß zwischen der riesigen Kriegsmaschine aus dem Osten und dem unzivilisierten Nomadenvolk – zwischen Männerherrschaft und Frauenmacht – im I. Buch seiner »Historien«:

»Die Massageten tragen ähnliche Kleidung wie die Skythen und haben auch eine ähnliche Lebensweise. Sie kämpfen zu Pferde und zu Fuß, beides ist ihnen bekannt; sie tragen Pfeil und Bogen ebenso wie Lanzen; auch Streitäxte sind im Gebrauch. Gold und Erz verwenden sie allgemein; was Lanzen- und Pfeilspitzen sowie Streitäxte anlangt, gebrauchen sie zu all dem Erz. Am Kopfschmuck, Gürtel und Schulterriemen haben sie Goldschmuck. Ebenso erhalten die Pferde eherne Brustpanzer, während Zügel, Gebiß und Kopfputz aus Gold sind. Eisen und Silber verwenden sie nicht.«

Diese Beschreibung paßt gut zu vielen anderen Schilderungen, in denen den Amazonenvölkern reiche Goldschätze zugeschrieben werden. Bei einem Volk mit solchen Sitten meint Kyros leichtes Spiel zu haben, zumal es jetzt auch noch von einer Frau regiert wird:

»Nach dem Tode ihres Mannes behauptete eine Frau die Herrschaft bei den Massageten; sie hieß Tomyris. Kyros ließ durch Boten um sie werben, wenigstens zum Schein. Tomyris aber merkte, daß er nicht um sie, sondern um das Reich der Massageten warb, und lehnte seinen Besuch ab. Da Kyros mit List nichts erreichen konnte, zog er an den Araxes und begann offen den Krieg gegen die Massageten.«

Doch die Massageten-Königin läßt sich nicht einschüchtern und nimmt den Kampf auf. Nachdem ein Drittel ihres Heeres (durch eine List) vernichtet und ihr Sohn in Gefangenschaft geraten ist, läßt Tomyris dem persischen Eroberer folgende Botschaft ausrichten:

»Ziehe unbehelligt ab aus unserem Land und gib meinen Sohn frei. Folgst Du meiner Bitte aber nicht, bist Du unersättlich in Deinem Blutdurst, so schwöre ich Dir bei meinem Gott, ich werde Deinen Durst stillen, ich werde Dich sättigen mit Blut.«

Der gefangene Sohn begeht bei der ersten Gelegenheit Selbstmord, und die Amazonenkönigin macht ihren Schwur auf furchtbare Weise wahr:

»Tomyris aber versammelte, da Kyros ihren Rat nicht befolgt hatte, ihre ganze Heeresmacht und zog gegen ihn in den Kampf. Diese Schlacht zwischen Kyros und Tomyris halte ich für die fürchterlichste, die je Barbaren einander geliefert haben. Von ihrem Verlauf habe ich folgendes in Erfahrung gebracht: Zuerst schoß man meinen Gewährsmännern nach aus der Ferne mit Bogen aufeinander. Als dann die Pfeile verbraucht waren, rückte man mit Lanzen und Schwertern gegeneinander und focht im Nahkampf. Lange wogte das Treffen unentschieden, und keiner wandte sich zur Flucht. Endlich aber siegten die Massageten, und der Großteil des Perserheeres wurde dort vernichtet. Kyros selbst fiel nach einer Regierungszeit von 29 Jahren. Tomyris füllte einen Schlauch mit Menschenblut und suchte unter den gefallenen Persern die Leiche des Kyros. Als sie diese gefunden hatte, steckte sie sein Haupt in den Schlauch, schändete den Leichnam und sagte: ›Du hast mich geschlagen, obwohl ich noch lebe und im Kampfe Sieger bin; denn du hast meinen Sohn getötet, den du mit List und Tücke in deine Hand bekamst. Darum will ich dich mit Blut sättigen, wie ich dir angedroht habe.‹«

7.

EINE KÖNIGIN IN VOLLER RÜSTUNG

Der große Aufstand der Frauen, die Rebellion der Amazonen, die überall auf der Welt stattgefunden haben mußte, schien sich für immer wissenschaftlicher Nachprüfung entziehen zu wollen. Ein endgültiger Beweis für die Existenz der kriegerischen Frauenvölker konnte lange nicht erbracht werden, trotz der vielen auffälligen Hinweise und Berichte. Die Spur der Amazonen verlor sich im Dunkel der Vorgeschichte. Da wurde 1928 im Ursprungsland der Skythen und Sarmaten, an der russischen Schwarzmeerküste, in Zemo-Avchala am Schwarzen Meer, von sowjetischen Forschern ein Sarmaten-Grab geöffnet. Man glaubte zunächst, das Grab eines Fürsten gefunden zu haben, der in voller Rüstung und mit all seinen Waffen beigesetzt worden war.

Es handelte sich um eine Kriegerin, deren Kleidung und Bewaffnung in allen Stücken der vor mehr als 2000 Jahren beschriebenen Ausrüstung der skythischen Amazonen entsprach.

Die »Skythengräber«, runde, auffällige große Erdhügel inmitten einer ebenen Landschaft, waren auf dem Gebiet des alten Rußland schon vor 200 Jahren entdeckt worden. Hunderttausende dieser merkwürdigen Grabhügel waren allein in der heutigen Ukraine verstreut, in den Wohngebieten der früheren Skythen und ihrer Verwandten, den Amazonen. Als man begann, sich mit den Grabstätten zu beschäftigen, waren die meisten ausgeplündert und zerstört.

1859 wurde eine staatliche »Russische Archäologische Kommission« gegründet, und die Gräber wurden systematisch untersucht, eine Arbeit, die heute noch nicht abgeschlossen ist. Dabei wurde zur Gewißheit, daß die Gräber von Skythen stammten.

Im Sommer 1971 machten sowjetische Archäologen in der südlichen Ukraine den aufregendsten Fund. Inmitten eines Weizenfeldes befand sich ein zehn Meter hoher Hügel. Hier sollte gerade eine Fabrik gebaut werden. Sowjetische Archäologen erreichten einen Bauaufschub von sechs Monaten, um den Grabhügel abzutragen.

Als Bulldozzer die oberen Schichten des 2400 Jahre alten Hügels entfernt hatten, stießen die Forscher in sechs Meter Tiefe auf einen vollständig erhaltenen Kultwagen, offenbar eine Bestattungskutsche, die bis in alle Einzelheiten dem Kultwagen der germanischen Göttin Nerthus glich. Es gab noch mehr Parallelen zu dem grausamen Nerthus-Kult: Offensichtlich waren Menschen geopfert worden – die Opfer waren Männer.

Zuerst entdeckte man neben dem Kultwagen das Skelett eines älteren Mannes, der gewaltsam ums Leben gekommen war. In der Mitte des Hügels wurde die eigentliche Grabkammer gefunden und darin eine Frau, offensichtlich eine Fürstin. Sie trug einen goldenen Helm und Ohrringe, eine Halskette, elf Ringe, drei Armbänder und eine Rüstung aus Goldplättchen; sie war umgeben von einem Goldschatz. Neben der Fürstin, in einem holzbeschlagenen Alabastersarg, lag das Skelett eines eineinhalbjährigen Mädchens, wahrscheinlich ihre Tochter, die nachträglich durch einen anderen Schacht in die Erde gesenkt worden war; auch ihr hatte man reichen Goldschmuck beigegeben. Neben dem Skelett des Kindes und dem der Frau lagen die Knochen eines stark gebauten, etwa 18 Jahre alten Mannes, der an Ort und Stelle getötet, vermutlich erwürgt worden war. Er hatte im Todeskampf die Finger in die Erde gekrallt. In einem anderen Grab am Fuße dieses Hügels fand man die Gebeine eines etwa fünfzigjährigen Mannes, dessen Knochen wahllos verstreut herumlagen – auch er ein *Menschenopfer.*

Die Amazonen waren aus dem Dunkel der Spekulation in das Licht wissenschaftlicher Forschung gerückt. Die mit Doppelaxt, Lanze und Schild, Pfeil und Bogen auf Pferden gegen die Männergesellschaft anstürmenden Frauen der Sagen und Mythen schienen doch keine Dichterphantasien, sondern lebendige Realität zu sein.

Waren die russischen Grabfunde der endgültige Beweis? Tatsächlich fanden Völkerkundler die von Bachofen nur aus Dichtung und Mythos erschlossenen Muttersippen später in vielen Teilen der Erde, in Asien, Afrika und Amerika. Doch wurden immer nur *Reste* von Frauengesellschaften gefunden, bei manchen Völkern fehlen sie ganz. Rückschlüsse auf die Vergangenheit wurden immer schwieriger.

Man fand bei den am wenigsten von aller Zivilisation berührten australischen und neuseeländischen Ureinwohnern neben mutterrechtlichen Zuständen und dem Kult um die Große Muttergottheit, neben beneidenswert menschenfreundlichen und gewaltlosen Erziehungsmethoden auch ganz harte patriarchalische Sitten und Bräuche.

Ein Amazonenvolk mit der »Ausschließung alles Männlichen«, Kindestötung oder Versklavung der Männer, schien es nirgends mehr zu geben. Die siegreichen Reiterinnen und Städtegründerinnen vom Thermodon und die letzten Amazonen, die man in den unzugänglichen Gebirgen des Kaukasus und am Kaspischen Meer gesehen haben wollte, schienen, ohne eine Spur zu hinterlassen, untergegangen zu sein. Oder hatte man ihre Spur nur noch nicht entdeckt?

8.

DIE LETZTEN AMAZONEN

1932 unternimmt der deutsche Ethnologe Hans Hasso von Veltheim-Ostrau eine ausgedehnte Forschungsreise in die unzugänglichen Berggebiete Südindiens. Weitere Reisen folgen, die in immer unzugänglichere Höhengebiete führen; die letzte Reise findet kurz vor Ausbruch des 2. Weltkrieges, 1939, statt.

Veltheim-Ostrau findet eine ganze Reihe von Stämmen, die in geradezu klassischen matriarchalischen Zuständen leben. Aber er findet – im Jahre 1939 – auch Amazonen. 1955 veröffentlicht er seine Entdeckung in dem Buch »Der Atem Indiens«. Zunächst beschreibt der deutsche Gelehrte die Berg-Reddi, die an der Spitze Südindiens im Hochgebirge in einem unverfälscht matriarchalischen Zustand leben, dann fährt er fort:

»Wie unberührt sich uralte Lebensformen in den unzugänglichen Bergen Südindiens erhalten haben, dafür ist auch der Frauenstamm der Bhawana, die ebenfalls in den Gebieten der Berg-Reddi leben, ein Beispiel.

Dieses Jägervolk besteht nur aus etwa 800 Frauen, weil – den Berichten zufolge – die Knaben sofort nach der Geburt getötet werden. Dieser Stamm lebt also nicht nur in reinem Matriarchat, sondern sogar in jener bei uns nur noch sagenhaft bekannten Form des Amazonentums.

Die Bhawana-Amazonen treiben weder Ackerbau noch Handwerk, sondern sollen lediglich von Raub und der Jagd mit Pfeil und Bogen und der Lanze leben. Sie sind schon seit mehr als 100 Jahren bekannt, sollen sich aber nach *Presseberichten* noch in der jüngsten Zeit unangenehm bemerkbar gemacht haben, weil sie die Reddi aus ihren Gebieten zu verdrängen beginnen.

Nach diesen von mir nicht nachprüfbaren Berichten sollen sie den wenig kriegerischen Reddi nicht nur einen großen Teil ihrer Feldfrucht, sondern auch ihre jungen Männer rauben, um diese nach einer kurzen Hochzeit ihrer *Ziegengöttin (!)* zu opfern. Dieses Opfer erinnert an mittelalterliche Opferriten, da der zu Opfernde zusammen mit einem jungen Ziegenbock in einen Käfig gesteckt und in einen tiefen Brunnenschacht vor dem Standbild der ziegenköpfigen Göttin versenkt wird.«

Das ist der letzte schlüssige Beweis für die Existenz von Amazonen. Und damit gewinnen alle Mythen, Träume, Vorstellungen über das Wesen der Amazonen wieder neuen Gehalt!

Amazonentum, das ist ein auf Gesellschaft und Staat zielender Aufstand, der sich institutionalisieren will als Frauenstaat, mit Umkehrung aller Werte. Das ist die kühne Vision von einer Gesellschaft, in der die Männer bestenfalls Diener und Sklaven sein können, in der sie nur gebraucht werden, um Nachwuchs zu zeugen in einer flüchtigen Vereinigung, die nicht Bestand haben darf, wenn nicht das Ganze gefährdet werden soll.

Doch der Gegenentwurf bleibt als Traum, als Haßtraum von Terror und Gegengewalt in der Tiefe des Bewußtseins lebendig, gleich den Träumen von Spartakus und seinen Gefährten, deren Sieg in immer neuen Blutbädern die Unterdrücker zu überbieten sucht.

Immer aufs neue unterdrückt, wird dieser Traum von der Gegenherrschaft weiter geträumt werden, solange es Ungleichheit und Herrschaft gibt – ein Traum, der nie aufzuhören scheint.

LITERATURHINWEISE

Bachofen, Johann Jakob: Das Mutterrecht, Stuttgart 1861
Bielefeld, E.: Amazonomachia, Hallische Monographien, Nr. 21, Halle 1951
Böttcher, H. M.: Die große Mutter, Düsseldorf 1968
Bothmer, D. von: Amazons in Greek Art, Oxford 1957
Creuzer, Georg Friedrich: Symbolik und Mythologie der alten Völker, besonders der Griechen, Leipzig 1810–1812
Eckstein–Diener, B. (Sir Galahad): Mütter und Amazonen, Berlin 1930
Endres, F. C.: Kulturgeschichte der Frau, Bern 1942
Fehrle, E.: Die kultische Keuschheit im Altertum, Gießen 1910
Fester, Richard: Protokolle der Steinzeit, München 1974
Forsdyke, John: Greece before Homer, London 1956
Friederici, G.: Die Amazonen Amerikas, Leipzig 1910
Fressl, J.: Die Skythen-Saken, die Urväter der Germanen, München 1886
Garstang, John: The Hittite Empire, London 1909
Gierth, L.: Griechische Gründungsgeschichten als Zeugnisse historischen Denkens vor dem Einsatz der Geschichtsschreibung, Clausthal-Zellerfeld 1971
Graves, Robert: The Greek myths, Harmondsworth 1955
Gurney, O. R.: The Hittites, London 1952
Irmscher, J. und Selov, D. B.: Griechische Städte und einheimische Völker des Schwarzmeergebietes, Berlin 1961
Kanter, Emmanuel: The Amazones, a Marxian study, Chicago 1926
Kirk, G. S.: Griechische Mythen, Berlin 1980
Klügmann, A.: Die Amazonen, München 1875
Krause, H. L.: Die Amazonensage, Berlin 1893
Leipoldt, J.: Die Frau in der antiken Welt und im Urchristentum, Leipzig 1954
Leonhard, Walter: Hethiter und Amazonen, Leipzig 1911
Medina, José Toribio: Descubrimiento del Rio de las Amazonas según la relación de Fr. Gaspar de Carvajal, Sevilla 1894, New York 1914
Mordtmann, Andreas David: Die Amazonen, Hannover 1862
Müller, J.: Das sexuelle Leben der alten Kulturvölker, Leipzig 1902
Neumann, E.: Über den Mond und das matriarchalische Bewußtsein, in: Eranosjahrbuch, XVIII, Zürich 1950

Obermüller, Wilhelm: Amazonen, Sarmaten, Yazygen und Polen, Berlin 1873
Post, A. H.: Die Geschlechtsgenossenschaft der Urzeit und die Entstehung der Ehe, Oldenburg 1875
Robert, K.: Pausanias als Schriftsteller, Berlin 1909
Pinkerton, J.: The Scyths or Goths, London 1887
Reden, Sybille von: Die Insel der Aphrodite, Köln 1969
Samuel, Pierre: Amazones, guerrieres et gaillardes, Paris 1975
Samuel, Pierre: Amazonen, Kriegerinnen, Kraftfrauen, München 1979
Snow, Dean: Die ersten Indianer, Bergisch Gladbach 1976
Schrade, H.: Götter und Menschen Homers, Stuttgart 1952
Seel, O.: Antike Entdeckerfahrten, Zürich 1961
Sicard, H. von: Ostafrikanische Amazonen, in: Paideuma, Bamberg 1950, S. 279 ff.
St. Clair, David: The mighty, mighty Amazon, London 1968
Schomburgk, Richard: Über die Geschichte der Tradition von den Amazonen in Guiana, nebst einigen Bemerkungen über den Amazonenstein
Stricker, Wilhelm: Die Amazonen in Sage und Geschichte, Berlin 1868
Talbot-Rice, T.: Die Skythen, Köln 1957
Virolleand, C.: Die große Göttin in Babylon, Ägypten und Phönizien, in: Eranosjahrbuch, VI., Zürich 1938, S. 121 ff.
Wissowa, G. (Hg.): Paulys Real-Encyclopädie der classischen und Alterthumswissenschaft, Stuttgart 1893
Woerl, L.: Dahomey, Das Land der schwarzen Amazonen, Würzburg 1898
Sherfey, M. J.: Die Potenz der Frau, Köln 1975
Baumann, P.: Valdivia, Die Entdeckung der ältesten Kultur Amerikas, Hamburg 1978
Disselhoff/Zerries: Die Erben des Inkareiches und die Indianer der Wälder, Berlin 1974

ANTIKE QUELLEN

Apollonios von Rhodos, Argonautika, deutsch von Thassilo v. Scheffer, Wiesbaden 1947

Balbinius, Epitome historiae rerum Bohemicarum, Prag 1877

Curtius Rufus, Quintus, De rebus gestis Alexandri Magni, deutsch von Johannes Siebelis, Berlin 1882

Diodoros von Sizilien, Geschichts-Bibliothek, deutsch von Adolf Wahrmund, Stuttgart 1867

Herodotos von Halikarnossos, Historien, deutsch von A. Horneffer, Stuttgart 1971

Hippokrates von Kos, Werke, deutsch von Robert Fuchs, Bd. I, München 1897

Homer, Ilias, in der Übertragung von Johann Heinrich Voß, München 1957

Ibrahim ibn Ja'qub, Bericht über die Slawenlande vom Jahre 973. In: Widukind, Sächsische Geschichte, Leipzig 1931

Isokrates von Athen, Panathenaikos, deutsch von Theodor Flathe, Berlin-Schöneberg o. J.

Iustinus Marenus Iunianus, Auszug aus des Trogus Pompeius Philippischer Geschichte, deutsch von Albert Forbiger, Stuttgart 1866

Kallimachos, Hymne an Diana

Lysias, Rede zu Ehren der bei der Verteidigung Korinths gefallenen Athener, deutsch von Wilhelm Binder, Berlin-Schöneberg o. J.

Mela, Pomponius, De chorographia, deutsch von Hans Philipp, Leipzig 1911

Pausanias der Periheget, Werke, übersetzt von E. Meyer, 1967 o. O.

Platon, Gesetze, In: ders., Werke, Bd. 8, hrsg. von Günther Eigler, Darmstadt 1977

Plinius Secundus, Caius, der Ältere, Naturalis Historia, deutsch von Christian F., L. Strack, Bremen 1853

Plutarchos, Bioi paralleloi, deutsch von K. Ziegler, Zürich, Stuttgart 1954–56

Prokopios aus Kaisareia, Gotenkriege, griech. und deutsch, hrsg. von Otto Veh, München 1966

Ptolemaeus, Claudius, Tetrabiblos (Quadripartitum), edited and translated into English by F. E. Robbins, Cambridge/Mass., London 1956

Quintus von Smyrna, Posthomerica, deutsch von C. F. Platz, Stuttgart 1857
Strabon von Amaseia, Geographica, deutsch von A. Forbiger, Berlin, Stuttgart
Tacitus, Publius Cornelius, Germania (De origine et situ Germanorum Liber) lateinisch und deutsch, übersetzt von Manfred Fuhrmann

SACHREGISTER